Karin Luginger

Männer fallen nicht vom Himmel

Roman

Schneekluth

Die Deutsche Bibliothek – CIP-Einheitsaufnahme

Luginger, Karin:
Männer fallen nicht vom Himmel: Roman/Karin Luginger. –
München: Schneekluth, 1993
1. und 2. Auflage
ISBN 3-7951-1310-5

ISBN 3-7951-1310-5

Satz: FotoSatz Pfeifer GmbH, Gräfelfing
Gesetzt aus der Baskerville 10/13 Punkt
Druck und Bindung: Offizin Andersen Nexö, Leipzig
Printed in Germany 1993

Männer fallen nicht vom Himmel

Die Kapitel

1

Humphrey Bogart läßt man nicht warten

Es war einer dieser verhaßten Sonntagabende, an dem mir in meiner hübschen Zweizimmerwohnung mal wieder die Decke auf den Kopf fiel.

Ich saß in der kühlen Abgeschiedenheit meines Wohnzimmers, hielt stumme Zwiesprache mit meiner Lieblingspalme und fühlte mich auf dieser Welt so überflüssig wie eine Glühbirne in der Milchstraße.

War ich denn nicht jung, erfolgreich und einigermaßen attraktiv?

Na ja – jung. Aber mit vierunddreißig hatte eine Frau heutzutage das Verfalldatum doch noch nicht überschritten, oder? Und selbst wenn – auch auf Joghurtdeckeln hieß es ja immer ›mindestens haltbar bis‹...

Außerdem war ich durchaus ansehnlich; erst kürzlich hatte man mir wieder einmal ein Kompliment gemacht, vor einem halben Jahr ungefähr.

Woran lag es dann, daß eine Frau wie ich einen Sonntag wie diesen allein mit ihren Zimmerpflanzen verbringen mußte, die stumm und unbeteiligt in ihren Töpfen standen? Wie kam es, daß in dieser von Menschen wimmelnden Stadt kein Hahn nach mir krähte?

Bevor sich meine düsteren Gedanken zum depressiven Smog verdichten konnten, schlug ich das Fernsehprogramm auf. Ich hatte die Wahl zwischen der fünfzehnten Wiederholung von *Denn sie wissen nicht, was sie tun* im Ersten und *Casablanca* im Kabelkanal. James Dean oder Humphrey Bogart – eine schwere Wahl. Zwei völlig verschiedene Männertypen, die im Grunde nur eines gemeinsam hatten: Sie waren beide schon eine ganze Weile tot!

Die knisternde Stille meiner schwierigen Entscheidungsfindung wurde vom Trillern des Telefons unterbrochen.

Ich sprang auf und meldete mich mit einem einladenden »Hallo?«

»Hallo Kim, Jens hier. Wie geht's dir denn?«

»Danke gut, und dir?«

»Beschissen. Ich glaub, ich hab einen Grippeanflug. Jedenfalls spür ich so ein leichtes Kratzen im Hals. Und vorgestern, da hatte ich mal wieder so einen Kunden, ich kann dir sagen! Man bringt mich ja nicht so leicht aus dem Konzept, aber der war nah dran mit seinen blöden Fragen. Von Computern null Ahnung, geschweige denn von der neuen Software...«

Ich ließ mich mit einem Seufzer auf meine Couch sinken und hielt den Hörer ein Stück von meinem Ohr weg. Was nun folgen würde, kannte ich: ein minutenlanger Monolog über die grenzenlose Dummheit von Jens' Kunden.

Zwei Jahre lang hatte ich mit diesem smarten Computerspezialisten in Hamburg Tisch, Bett und Miete geteilt. Aber irgendwann hatte ich einsehen müssen, daß sich unser Kommunikationsproblem wohl nie lösen würde: Anstelle eines Gehirns schien er nämlich einen Mikrochip unter der Schädeldecke spazie-

renzutragen! Jedenfalls spulte er nach Eingabe bestimmter Codewörter gnadenlos die immer gleichen Programme ab, und es war mir nie gelungen, die Unterbrechungs- oder Löschtaste zu finden.
Eines Tages hatte ich dann beschlossen, mich fortan nur noch von meinem Radio berieseln zu lassen. Das ließ sich jederzeit abstellen, kleckerte kein Pflaumenmus auf den weißen Küchenboden und verstreute keine Berge müffelnder Socken in der ganzen Wohnung.
Als Ausweg aus der privaten Sackgasse war mir dann die Radikallösung in Form einer Stellenanzeige in die Hände gefallen: ›Zeitschriftenverlag in München sucht zum frühestmöglichen Zeitpunkt Moderedakteurin.‹
Das war's! Eine neue Stadt, ein neuer Job, ein neuer Anfang.
Jens hatte sich zuerst unerwartet vehement gegen mein Vorhaben gewehrt und dann, als ich fest blieb, in einem jähen Anflug von Sentimentalität vorgeschlagen, die Beziehung trotz der Distanz aufrechtzuerhalten.
»Wenn wir uns die Reisekosten teilen, ist es für uns beide erschwinglich«, hatte er euphorisch ausgerufen. »Man könnte sich auch eine Aufsplittung der Kosten von siebzig zu dreißig überlegen«, hatte er dann nachdenklich hinzugefügt. »Schließlich bist du ja für den ganzen Aufwand verantwortlich.«
Ich hatte gerührt erwidert, er solle sich meinetwegen bloß keine Umstände machen, und wir könnten ja unsere Beziehung telefonisch weiterführen.

»Hab ich dir eigentlich schon von dem neuen Abteilungsleiter erzählt, diesem aufgeblasenen Sesselpupser?« hörte ich ihn schimpfen.
Ein mattes Röcheln meinerseits genügte, um ihn zu weiteren fünf Minuten Monolog über den windigen Abteilungsleiter zu animieren.
Schließlich wurde es mir zu bunt.
»Jens!« rief ich ins Telefon. »Jens, sei mir bitte nicht böse, aber ich muß langsam Schluß machen. Ich hab nämlich noch eine Verabredung heute abend!«
»Schade«, sagte er ein wenig enttäuscht. »Na ja, war trotzdem toll, mit dir zu klönen. Ich ruf dich demnächst wieder mal an.«
»Ist gut, Jens. Bis dann.«
Ich holte mir eine Decke aus dem Schlafzimmer, setzte Wasser für einen Kräutertee auf und schminkte mich dann eilig im Bad ab.
Schließlich durfte man einen Humphrey Bogart nicht warten lassen...

Wieder einmal hatte mich die legendäre Abschiedsszene zwischen Humphrey Bogart und Ingrid Bergman in Nacht und Nebel zu Tränen gerührt. Ergriffen stellte ich den Fernseher ab, kühlte meine geröteten Augen mit Leitungswasser und ging zu Bett.
Aber an Schlaf war nicht zu denken. Vor meinem inneren Auge flimmerten die Bilder weiter.
Wie elegant und hinreißend weiblich die Frauen in den alten Schwarzweißfilmen doch wirkten! Und

wie sie von diesen wunderbaren Männern umschwärmt und hofiert wurden...

»Vergiß es, Kim«, meldete sich die emanzipierte Frau in meinem Hinterkopf. »Heutzutage kommt es nicht darauf an, von Männern hofiert, sondern akzeptiert und ernst genommen zu werden!«

Ich stellte mir Bogeys Reaktion auf eine glühende Feministin vor, die ihm beim Verlassen des Restaurants entrüstet ihren Mantel aus den Händen riß und ihn sarkastisch darauf hinwies, daß sie bereits seit ihrem fünften Lebensjahr in der Lage sei, sich ohne fremde Hilfe anzukleiden. Als Gentleman würde er es sicher unterlassen, der Dame den Vogel zu zeigen, aber bestimmt würde er kühl die Augenbrauen hochziehen, den Kragen seines Trenchcoats aufstellen, seinen Hut tiefer ins Gesicht drücken und sagen: »Das war's dann, Baby.« Woraufhin ihm die Feministin wahrscheinlich ohne Mantel auf die Straße nachlaufen und eine Grundsatzdiskussion über abwertende Kosenamen wie »Baby« vom Zaun brechen würde.

Ja, Bogeys Zeiten waren ein für allemal vorbei. Und es schien, als hätten die Männer gar nicht viel dagegen; jedenfalls hatten sich viele als äußerst lernfähig erwiesen.

Jens zum Beispiel war ein besonders eifriger Verfechter der Emanzipation. Er hatte mich immer als gleichwertige Partnerin betrachtet, mindestens! Im Restaurant etwa hatte er es immer mir überlassen, unsere Bestellung aufzugeben – und meistens auch, die Rechnung zu begleichen. Die pakistanischen Rosenverkäufer hatte er stets mit dem originellen

Ausspruch »Nein danke, ich kenne die Dame schon länger« abgeblockt. Auch was das Autofahren betraf, war er alles andere als ein Macho. Mit dem Argument, irreparabel nachtblind zu sein – ein Gebrechen, das ihm seltsamerweise auch tagsüber zu schaffen machte –, hatte er mich zu seiner Chauffeuse befördert.

Der einzige Bereich, wo er von Gleichberechtigung nichts wissen wollte, war der gemeinsame Haushalt gewesen. »Willst du einen Mann oder einen Waschlappen?« hatte er mir immer entgegengehalten, wenn ich das heikle Thema wieder einmal angeschnitten hatte.

Ach, Jens, dachte ich. Dann schlief ich endlich ein.

2

»Are you lonesome tonight?«

Am nächsten Morgen saß ich schon um sieben an meinem Schreibtisch in der Redaktion, einem neonflimmernden Großraumbüro, in dem ich zusammen mit fünf anderen Moderedakteurinnen meinen Sklavendienst verrichtete.
Als ich vor etwa einem Jahr freudig meinen Namen unter den Arbeitsvertrag gesetzt hatte, war mir nicht im Traum der Gedanke gekommen, daß ich mich soeben auf einer Galeere eingeschifft haben könnte. Doch gleich nach der ersten Woche, einem mit Streß und Hektik angefüllten 60-Stunden-Marathon, war der Groschen gefallen: Erstens absolvierte ich in diesem Verlag keinen Job, sondern ein Überlebenstraining, und zweitens war man hier als Moderedakteurin anscheinend für alles zuständig – demnächst vielleicht sogar fürs Fensterputzen in der Redaktion (man munkelte, daß die bisher dazu beauftragte Reinigungsfirma wohl bald das Budget des »jeden verdammten Tag ums nackte Überleben kämpfenden Verlags« – Originalton Chefredakteur Morgenrot! – sprengen würde).
Mit Wehmut dachte ich an meine Zeit als Redakteurin bei einer Hamburger Frauenzeitschrift zurück, die mir wie das verlorene Paradies erschien.
Eines hatte mein neuer Arbeitsplatz mit dem Paradies allerdings auch gemeinsam: die Existenz von falschen Schlangen. Trotz ihrer auf den ersten Blick

perfekten Tarnung als jovial-patente Powerfrauen, war es mir in kürzester Zeit gelungen, drei meiner fünf Kolleginnen im Zimmer als Giftvipern zu identifizieren. Getrieben von krankhafter Konkurrenzsucht waren sie vor keiner noch so hinterhältigen Intrige zurückgeschreckt, um mich beim Chefredakteur auszubooten. Dabei hatten sie sich allerdings der Reihe nach die Giftzähne an mir ausgebissen und begegneten mir seit einigen Monaten mit mißtrauischem Respekt.

An jenem Montagmorgen war außer mir auch Britta bereits in der Redaktion, meine erklärte Lieblingsfeindin. Sie begrüßte mich mit einem gleichgültigen Grunzlaut, dann brüteten wir eine Stunde lang, jede an ihrem Schreibtisch, wortlos vor uns hin.

»Deine letzte Produktion kam ja wohl nicht gerade gut, hat mir gestern der Morgenrot gesagt«, tönte plötzlich ihre Schrillstimme in die Stille hinein. Dabei fuhr sie sich mit einem Bleistift durch ihre streichholzkurzen, schlammbraunen Haare, und in ihrem ungeschminkten Mondgesicht machte sich ein boshaftes Grinsen breit.

»Ach ja?« erwiderte ich gespielt gleichgültig. »Mir gegenüber hat er nichts dergleichen erwähnt.«

»Kommt bestimmt noch, der Anschiß...« sagte sie schnippisch, raffte ein paar Unterlagen von ihrem Schreibtisch zusammen und spurtete Richtung Tür.

»Sag mal, bist du schwanger oder hast du so zugenommen?« rief ich ihr zuckersüß hinterher.

Sie bremste scharf ab und warf mir über die Schulter einen verächtlichen Blick zu. »Wenn du was von Mode verstündest, verehrte Kollegin, wüß-

test du, daß das Hängekleid, das ich heute trage, die ziemlich angesagte neue A-Linie ist! See you...«
Sie knallte die Tür hinter sich zu, und ich grinste in mich hinein. Die neue A-Linie, aber hallo! Ein tümpelbrauner, zeltförmiger Schwangerschaftskittel, in dem eine ganze Familie Platz gefunden hätte, dazu knallenge Leggings, die offenbar einer Stützstrumpfhose für Venenkranke nachempfunden waren. Und als Highlight ein Schnürschuhmodell in saharabeige, für das eindeutig Luis Trenkers Treter die entscheidenden modischen Impulse gegeben hatten.
»Entzückend, Baby!« murmelte ich und hatte unser kleines Wortgefecht im nächsten Augenblick schon wieder vergessen.
Ich hatte vor, den Tag außer Haus zu arbeiten, und wollte verschwinden, bevor sich die Schlangengrube zu füllen begann.
Nachdenklich sah ich aus dem Fenster, auf dem schon wieder ein beunruhigender Schmutzfilm lag. Der Tag versprach typisches Aprilwetter: Regenschauer, Graupel und einige kurze, trotzige Auftritte der Frühjahrssonne dazwischen.
»Also, entweder ich laß das heute mit den Cocktailkleidern«, sagte ich vor mich hin, »und wir präparieren die Models mit wasserfester Wimperntusche und fotografieren im Freien Taucheranzüge, oder...« Ich wählte eine Nummer.
»Hallo Tom, Begabtester aller Lichtbildner, hast du heute schon mal aus dem Fenster gesehen? Ich fürchte, wir müssen aufs Studio ausweichen. Was, du hast noch geschlafen? Tut mir echt leid...«

Ich war gerade dabei, mit dem demonstrativ gähnenden Tom die Details der geplanten Produktion zu besprechen, als Patricia völlig aufgelöst in den Raum stürzte.
Einzelne Strähnen ihrer blonden Pagenfrisur klebten naß an ihrem blassen Gesicht, und schon von weitem sah ich, daß sie dunkle Schatten unter den Augen hatte.
Sie war die einzige Kollegin, mit der ich mich sehr gut verstand und manchmal auch privat traf.
»Scheußliches Wetter«, murmelte sie und setzte sich mit ihrem regennassen Mantel auf einen der Schreibtische.
Ich legte den Hörer auf.
»Mein Gott, Pat, wie siehst du denn aus! Wie aus dem Gulli gezogen! Hast du etwa mit 'ner Buddel Rum unter der Brücke genächtigt? Okay, die Mieten in München sind hoch, aber...«
Patricia gab erst ein paar Laute von sich, die sich anhörten wie Schluckauf, und fing dann plötzlich an zu schluchzen.
»Pat, was ist denn los mit dir. Ich hab's doch nicht so gemeint!«
»Wolfgang betrügt mich«, brach es aus ihr heraus. »Schon seit einem halben Jahr! Und ich hab's nicht mal gemerkt!«
»Und wie bist du dann doch draufgekommen?« fragte ich vorsichtig.
»Er hat's mir am Freitag abend selbst gebeichtet. Bei unserem Zwölfstundenarbeitstag wäre ich wahrscheinlich noch zehn Jahre ahnungslos durch die Gegend gestolpert!«

»Und was jetzt?«
»Was jetzt! Er will aus unserer Wohnung ausziehen. Der Herr Gymnasiallehrer hat sich nämlich unsterblich in eine seiner Schülerinnen aus der Abiturklasse verliebt. Ich hätte ihm angeblich nie gezeigt, daß ich ihn wirklich brauche. Er meinte, ich hätte die letzten Jahre nicht für unsere Beziehung, sondern nur für meine läppischen Modefotos gelebt!«
Ich seufzte.
»Das klassische Problem: ein Mann, der Komplexe kriegt, weil ihm seine Frau beruflich die Show stiehlt, und sich dann als Doping für sein mickriges Selbstbewußtsein ein Mäuschen sucht, das bewundernd zu ihm aufblickt.«
»Genau«, sagte Patricia zaghaft.
»Für die Kleine kommt er sicher gleich nach Gott, dem Allmächtigen. Oder zumindest gleich nach ihrem Lieblingsrockstar. Daß die einzigen Konzerte, die er gibt, auf dem Klo stattfinden, wenn er dort eine längere Sitzung hat, bekommst natürlich nur du mit!«
Damit brachte ich Patricia zum Lachen.
»Das Ganze ist doch nur eine Frage der Zeit. Erst mal kostet diese Lolita den Triumph aus, ihr Idol vom Podest heruntergelockt zu haben, klar. Aber was, wenn sie merkt daß der Herr Oberstudienrat auch nur ein Mann mit zwei Händen und dem übrigen Standardequipment ist, du weißt, was ich meine. Und ihm geht ihre kindliche Naivität bald auf den Wecker, wollen wir wetten?«
»Ich verzeih ihm das nie. Nie. Selbst wenn er auf dem Bauch zu mir zurückrobbt!«

»Hör mal, Pat, ich muß weitermachen, sonst komme ich mit meiner Produktion ins Schleudern. Laß uns das Ganze doch in aller Ruhe heute abend besprechen! Was hältst du vom Café Wiener Platz, so gegen neun?«
»Okay«, sagte Patricia und schneuzte sich trommelfellzerreißend in ein Papiertaschentuch.

»Hey, pretty woman, wozu brauchen wir eigentlich diese Models? Warum schießen wir die Fotos nicht mit dir, würde deinem Verlag 'ne Menge Geld sparen!«
Tom war mal wieder nicht zu bremsen.
»Gibt es wirklich Frauen, die auf deine entzükkenden kleinen Lügen anspringen?« Ohne seine Antwort abzuwarten, ging ich in den Nebenraum des Studios, um zu sehen, wie weit die Visagistin mit den drei Mädchen war.
»Kannst du mir erklären, warum ausgerechnet die schönsten Frauen das geringste Selbstbewußtsein haben?« Tom lehnte mit vor der Brust verschränkten Armen im Türrahmen.
Zwei der Models kicherten, und Anne, die Visagistin, sagte: »Tom, ich liebe deinen New Yorker Akzent! Hast du nicht noch einen deiner heißen Sprüche parat?«
Ich wurde langsam ungeduldig.
»Also Leute, laßt uns jetzt ganz einfach die heißen Sprüche vergessen und mit unserer Arbeit anfangen, okay? Und Tanja – wenn du das weiße Kleid

anziehst, paß bitte auf, daß kein Make-up draufkommt. Du weißt, ich bin für die Klamotten hier verantwortlich.«

»Zu Befehl, Frau Feldwebel«, sagte Tom, salutierte stramm und marschierte zurück zu seinen Scheinwerfern.

Ich beobachtete ihn und fragte mich wieder einmal, was die anderen Frauen an ihm fanden. Die Models gaben vor der Kamera ihr Bestes, um ihn auf sich aufmerksam zu machen, und setzten dann reihenweise zum Hechtsprung in seinen – laut eigener Aussage – »zwei mal zwei Meter großen, erstklassig gepolsterten Sündenpfuhl« an.

»Tom hat eben was«, pflegten sie auf meine Fragen nach seiner mir unverständlichen Anziehungskraft zu antworten.

Aber was? Das, was alle Männer hatten, nahm ich an. (Außer den bedauernswerten Eunuchen natürlich.) Ich war zu dem Schluß gekommen, daß es sich um eine mysteriöse Epidemie handeln mußte, der die Mädchen zum Opfer fielen, ausgelöst durch ein Virus, das offenbar den Sehnerv lahmlegte. Wie sonst konnten sie einen Mann attraktiv finden, der es mit durchgedrückten Knien und gestrecktem Hals auf maximal 170 Zentimeter brachte und dessen Figur an die Popeyes vor dem Verzehr des magischen Kraftspinats erinnerte? Einen Mann, der, anstatt diesen Body in vorteilhafte Kleidung zu hüllen, Schlabberjeans und Turnschuhe trug, dazu karierte Holzfällerhemden in XXL, von denen er im Großhandel einen Sonderposten ergattert zu haben schien? Einen Mann, der seine gar nicht unschönen

blauen Augen hinter einer häßlichen Nickelbrille versteckte und sein Gesicht hinter einem rötlichen Schnauzbart, Marke Walroß? (Weshalb sich Männer mit diesen unappetitlichen Bierschaumfängern und störenden Kußpufferzonen derart verunstalteten, hatte ich sowieso nie begreifen können.)
Das einzig Elektrisierende, was ich an Toms Erscheinung ausmachen konnte, war sein feines, rotblondes Haar, das sich knisternd an den Scheinwerfern auflud und ihn den ganzen Tag kreativ umwehte.
»Woran liegt es eigentlich, daß du seit Monaten fast ausschließlich mit mir arbeitest?« unterbrach Tom meine kritischen Betrachtungen.
»Du bist eben gut. Und wir beide sind ein unschlagbares Team, findest du nicht?«
»Come on, Kim, don't give me that bullshit! Es gibt genug gute Fotografen. Da muß doch noch was anderes im Spiel sein – vielleicht ein... na ja, privater Grund?«
Das war die Höhe! Was fiel diesem unterbelichteten knipsenden Knirps eigentlich ein? Nur weil sich ein paar minderbemittelte Models in seinem Bett Kissenschlachten lieferten, hielt sich dieser Turnschuhcasanova wohl für James Bond und glaubte, daß jedes weibliche Wesen in seiner Nähe Gummiknie bekam!
»Lieber Tom«, begann ich so beherrscht wie möglich. »Ich versichere dir hiermit ausdrücklich, daß sich mein Interesse an dir ausschließlich auf deine überragenden beruflichen Fähigkeiten beschränkt. Ist damit deine Frage in ausreichendem Maße beantwortet, oder bedarf es deutlicherer Worte?«

»Lady, du weißt nicht, was du verpaßt«, sagte Tom und drehte anstelle weiterer Kommentare die Musik im Studio auf.

Natürlich hatte Tanja unübersehbare Make-up-Spuren auf dem weißen Kleid hinterlassen, hatten Melanies weibliche Rundungen mal wieder die Nähte eines superengen Rocks gesprengt, und wie immer fehlten am Ende ein paar Accessoires, die ich aus eigener Tasche bezahlen mußte.
Ansonsten war die Produktion einwandfrei über die Bühne gegangen.
Kurz nach sechs fuhr ich noch einmal im Verlag vorbei, um einen Begleittext für die Fotos zu schreiben. Ich fand das Büro dunkel und verlassen vor, was um diese Zeit ungewöhnlich war.
Ich öffnete ein Fenster, um die frische Abendluft hereinzulassen, dann setzte ich mich an meinen Schreibtisch und zündete mir feierlich ein Zigarillo an. Bewußt genoß ich diesen seltenen Luxus, auf den ich sonst verzichten mußte, um meine Kolleginnen nicht zu einem sofortigen Schaumangriff mit allen erreichbaren Feuerlöschern zu provozieren. Ich nahm mir vor, spätestens um halb neun fertig zu sein und dann gleich von hier aus zu meiner Verabredung mit Patricia zu fahren.
Ich hatte gerade mit den Texten angefangen, als das Telefon auf meinem Schreibtisch klingelte.
»Keine Chance mehr, egal wer du bist«, sagte ich geistesabwesend zum Apparat.

Plötzlich fiel mir ein, daß das vielleicht Patricia war, die unsere Verabredung absagen wollte.
Ich nahm den Hörer ab. »Kim Bergen, Moderedaktion.« Zuerst hörte ich gar nichts, dann ein Klicken und die Anfangsklänge eines Songs: »Are you lonesome tonight?« schnulzte Elvis Presley mit sehnsuchtsvoller Stimme aus dem Telefon. Nach einigen Takten wurde dem King abrupt der Strom abgedreht, und Toms Stimme ertönte: »Für den Fall, daß du die von meinem Freund Elvis gestellte Frage mit Ja beantworten müßtest – hier wäre jemand, der dich aus deiner Einsamkeit erlöst.«
Mir blieb die Spucke weg.
»Selbstverständlich will ich dich nicht in Onkel Toms Hütte locken! Ich dachte da eher an einen neutralen Ort – ein Restaurant oder so. Nenn mir am besten einen Treffpunkt deiner Wahl.«
»Einen Treffpunkt meiner Wahl? Dann treffen wir uns im Studio. Nächste Woche, Punkt acht. Du bringst deine Fotoausrüstung mit, ich die Models!«
»Wie du willst«, sagte Tom nach einer längeren Pause und legte auf.
Ich seufzte laut auf und schüttelte den Kopf. Warum mußten sich immer nur die Männer ins Zeug werfen, von denen man absolut nichts wissen wollte?!

3

Ob man's mir schon ansieht...?

Patricia wartete schon, als ich um neun das Café Wiener Platz betrat. Vor ihr stand ein leeres Weinglas. Sie wirkte müde und leicht angeschlagen vom Alkohol.
»Hast du schon gegessen?« fragte ich, während ich mich setzte.
»Nein, ich wollte auf dich warten. Allerdings hab ich mir schon ein Glas Wein gegönnt, wie du siehst. Ist mir ganz schön zu Kopf gestiegen auf nüchternen Magen.«
Ich schob ihr die Speisekarte hin.
»Heute ist er nicht mal zu Hause aufgetaucht, um seine Unterhose zu wechseln, das elende Stinktier«, zischte Patricia über den Rand der Karte hinweg und fixierte dabei mit glasigen Augen einen Punkt in der Ferne. Sie legte die Karte weg. »Ich hab irgendwie gar keinen Hunger heute.«
»Komm, Pat, sei vernünftig und iß wenigstens einen Salat. Ein Hungerstreik ändert auch nichts.«
»Ich laß mich scheiden von dem Scheißkerl.« Die Schleusen von Patricias Tränenkanal drohten sich erneut zu öffnen.
»Zwei große Salate, bitte«, sagte ich mit verlegenem Hüsteln zu dem jungen Mädchen, das unsere Bestellung aufnehmen wollte. »Dazu zwei Gläser Chablis und noch etwas Weißbrot!« Dann beugte ich mich über den Tisch und schaute Patricia eindringlich an.

»So, und jetzt hör mir mal gut zu: Scheiden lassen kannst du dich später immer noch. Erst mal tust du gar nichts. Manch ein streunender Hund ist wieder winselnd zu Frauchen zurückgekehrt, weil er die gewohnte Pflege vermißt hat.«
»Deine Vergleiche können einem manchmal tierisch auf den Geist gehen«, schniefte Patricia.
»Im übrigen«, fuhr ich unbeirrt fort, »gibt es nicht nur Wolfgang auf dieser Welt. In München laufen noch ein paar hunderttausend andere Männer rum, auch wenn's dir bisher vielleicht nicht aufgefallen ist. Du mußt nur zugreifen – Männer stehen noch nicht auf der roten Liste des ›World Wildlife Fund‹!«
»Ach nein! Und wieso bist du dann seit einem Jahr solo, bei diesem Wahnsinnsangebot?«
Das war unfair!
»Weil ich maloche wie ein Muli im Bergwerk und mich abends lieber auf meine Couch fallen lasse, statt in der Disco herumzuhampeln!« erwiderte ich gereizt. »Und weil Humphrey Bogart nun mal nicht aus der verdammten Flimmerkiste steigt, um mit mir auf dem Sofa Kartoffelchips zu mampfen.«
»Wir könnten doch mal zusammen ausgehen«, sagte Patricia nach einer längeren Pause.
»Ja, das könnten wir!« erwiderte ich nachdrücklich.
»Aber ich will keine Männer anbaggern«, setzte sie hinzu.
»Mußt du auch nicht.«
»Und mich nicht anbaggern lassen.«
»Wozu willst du dann ausgehen?«
»Um mich abzulenken. Und um dir einen Gefallen zu tun.«

»Wirklich reizend von dir, Patricia!«
»Na ja, wozu hat man schließlich Freunde.«

Wie so oft in letzter Zeit konnte ich auch in dieser Nacht nicht einschlafen. Fluchend warf ich mich von einer Seite auf die andere, versuchte es mit der Rükkenlage und ließ mich schließlich erschöpft auf den Bauch plumpsen, daß mein altes Bett quietschte.
Das vertraute Geräusch weckte melancholische Erinnerungen an längst vergangene Nächte, in denen es aus ganz anderen Gründen viel lauter gequietscht hatte.
Längst vergangen... Seit einem Jahr nicht einmal ein handfester Flirt, nur ein paar flüchtige Augenkontakte. In den Zeiten von Aids und ›Safer Sex‹ hatte das bestimmt auch seine Vorteile, denn das sicherste war zweifellos gar kein Sex – aber sollte das ein Trost sein?
Männer! Waren diese so befremdlich konstruierten Geschöpfe wirklich unabdingbar im Leben einer Frau?
Ja, verflixt nochmal, das waren sie! Wenn das Telefon nicht klingelte, weil ›er‹ nicht anrief, konnte eine Frau beunruhigt, verunsichert, wütend, rachsüchtig sein – mit einem Wort: lebendig. Wenn es nicht klingelte, weil kein ›er‹ existierte, dann war man als Frau doch einfach – ja: so gut wie begraben.
Ob man's mir schon ansah...? Ich mußte handeln, und zwar schnell. Mit jedem weiteren Tag, den ich liebelos und in unproduktiver Lethargie verbrachte, schaufelte ich mir mein Grab noch etwas tiefer.
Doch wie zum Teufel sollte ich es anstellen? Als zivi-

lisierte junge Frau konnte ich das Objekt meiner Begierde ja nicht einfach auf offener Straße anspringen – falls ich überhaupt eines entdeckte! Ganz abgesehen davon, daß sich Männer so leicht erschreckten und die Flucht ergriffen. Ich mußte natürlich subtiler vorgehen – aber wiederum nicht so subtil, daß keiner was merkte.

Sollte ich auf allen strategisch wichtigen Münchner Boulevards Köder auswerfen, vielleicht Spitzentüchlein mit eingestickter Telefonnummer dezent zu Boden flattern lassen? In Filmen aus der guten alten Zeit hatten diese parfümierten Lockmittel den jungen Damen beim Goldfischangeln immer unschätzbare Dienste geleistet. Aber in der Ära der Emanzipation und des Tempo-Taschentuchs würde ich mich mit diesem Trick aus der Mottenkiste vermutlich hoffnungslos blamieren. Ob ich auf eine zeitgemäßere Variante ausweichen und statt des Taschentuchs einen Geldschein fallen lassen sollte? Nein, das würde ich finanziell nicht durchhalten; ich mußte damit rechnen, daß die Männer der Neunziger Jahre den Schein einfach einsteckten und statt der Nähe seiner hübschen Besitzerin lieber das Weite suchten. Würde ich mir also die Nächte in irgendwelchen Single-Bars um die Ohren schlagen müssen? Im Halbdunkel auf wackligen Barhockern herumsitzen und wildfremden Männern per Dauerhypnose Mut zum Frontalangriff machen? Oder sollte ich in Zukunft öfter mal beim Edelitaliener um die Ecke dinieren? Deutlich sah ich mich im hintersten Winkel des Restaurants am Katzentisch sitzen, verstohlen mit einem Operngucker den Raum nach

geeigneten Subjekten absuchen und dann als Auftakt zu einem charmanten Gespräch dem Herrn meiner Wahl am anderen Ende des Speisesaals zurufen: »Ihre Lende sieht aber gut aus, mein Herr! Können Sie sie mir empfehlen?«
Schluß damit. Energisch verscheuchte ich die groteske Vision und knipste das Licht an. Das einzig wirksame Mittel, mich von meinen Problemen abzulenken, war, mich mit denen anderer Frauen zu beschäftigen. Und nichts eignete sich besser dafür als die Ratgeberseite einer Zeitschrift. Ich holte mir also das neueste Heft eines Klatschjournals aus dem Wohnzimmer und blätterte nach der bewußten Seite (»Sie fragen – Diplompsychologe Dr. Schwermuth antwortet«).
Ich wickelte mich in meine Bettdecke, stopfte mir das Kopfkissen hinter den Rücken und las:
›Seit zwei Jahren lebe ich (Sekretärin, 27) mit meinem Freund (Manager, 38) in einem Traumhaus und könnte rundum glücklich sein: Er ist der netteste Mann, der mir je begegnet ist.
Unser einziges Problem ist seine Sexbesessenheit! Nirgends bin ich vor seinen plötzlichen Anfällen sicher. Neulich lief er mir in unserem Stammrestaurant sogar in die Damentoilette nach, wo uns die Putzfrau ein paar Minuten später in einer sehr verfänglichen Situation überraschte. Nun haben wir in dem Lokal Hausverbot.
Seinen nagelneuen Wagen hat er vorigen Monat demoliert, da er sich während der Fahrt ausschließlich auf meine Unterwäsche konzentrierte. Und erst vor ein paar Tagen wollte er sich mit mir auf dem

Küchenbuffet vereinigen, stützte die Hand auf der heißen Herdplatte ab und mußte anschließend vom Notarzt versorgt werden.
Ich halte diese Beziehung nervlich und körperlich nicht mehr lange durch. Bitte helfen Sie mir. Wie kann ich seine Triebe in vernünftige Bahnen lenken?‹
Das war nicht gerade das Problem, das mich ablenken und trösten konnte. Ganz im Gegenteil! Genervt warf ich das Heft auf den Boden, zündete mir ein Zigarillo an und verfiel wieder ins Grübeln.
Das Leben war zum Schreien ungerecht. Da gab es auf der einen Seite die Heerscharen liebesbedürftiger Single-Frauen, die partout kein Glück hatten, den Richtigen zu finden, und endlose Durststrecken ohne Sex und Zärtlichkeit durchstehen mußten – und auf der anderen Seite Frauen wie diese Leserbrief-Schreiberin, die unverdient und undankbar im Überfluß lebten. Dann fiel mir ein, daß es dazwischen auch noch einige gab, und das waren wahrscheinlich die bedauernswertesten: all die Frauen, die verzweifelt nach Patentrezepten suchten, um das verglimmende Feuer in ihren Ehen wieder anzufachen, die Unsummen ausgaben für hauchzarte Reizwäsche und dafür ein muffeliges: »Zieh dir bloß was Anständiges an, sonst muß ich mir wieder dein Gehuste anhören!« ernteten. Die seit vielen Jahren am immer gleichen Ort zur immer gleichen Zeit das immer gleiche Sexprogramm über sich ergehen lassen mußten. Denen es nichts half, Kopien der beliebtesten Liebesstellungen aus dem *Kamasutra* als Flugblätter in der Wohnung zu verteilen oder ihrem

Mann Schmöker wie *The Joy of Sex* auf den Nachttisch zu legen. Frauen, die dann irgendwann im Eheberatungsinstitut saßen und bei der bloßen Erwähnung des Worts »Missionarsstellung« Weinkrämpfe bekamen.
Dagegen ging's mir ja blendend. Lieber gar nichts als so was. Aber daß bei diesem allgemeinen Elend eine Frau es wagte, sich über ihren phantasievollen, potenten Liebhaber zu beschweren, war einfach eine Unverschämtheit. Obwohl – vielleicht war er für eine einzige Frau wirklich ein bißchen anstrengend? Sie sollte es mal mit *man sharing* probieren, dachte ich und kicherte vor mich hin. Wirklich wahr, warum teilte sie sich den Unverwüstlichen nicht mit ein paar weniger privilegierten Frauen?
Für mich kam das allerdings nicht in Frage. Ich wollte den Meinen schon ganz. Aber erst mal mußte ich ihn haben! Und plötzlich kam mir eine Idee.

4

Aktion Froschkönig

Am nächsten Tag brach in der Redaktion das Chaos aus, weil die gesamte Damenriege vollzählig angetreten war: Britta, Verena, Dorothea, Beate, Patricia und ich.

Glücklicherweise kam es nicht allzu häufig vor, daß alle Redakteurinnen gleichzeitig im Büro zu tun hatten: Es war ein einziges Kommen und Gehen, Türenschlagen, Telefonieren, Tippen und Diskutieren, so daß man sich kaum auf seine Arbeit konzentrieren konnte. Zu allem Überfluß segelte auch noch Chefredakteur Morgenrot wie ein sturmgepeitschter Katamaran durch die Redaktion und frönte seiner Lieblingsbeschäftigung: den Leuten auf die Nerven fallen und Hektik verbreiten.

So gegen elf hatte der Geräuschpegel Wallstreet-Niveau erreicht – die beste Voraussetzung für das Telefonat, das ich führen wollte. Privatgespräche waren nämlich in der Redaktion nicht möglich. Nicht daß sie verboten gewesen wären, aber von »privat« konnte angesichts der langen Ohren einiger Kolleginnen keine Rede sein. Und für das, was ich vorhatte, konnte ich wirklich keine Zuhörer brauchen.

Ich wählte die Nummer meiner ehemaligen Redaktion in Hamburg, preßte den Hörer fest an mein rechtes Ohr und hielt mein linkes mit dem Zeigefinger zu.

»Hallo Natalie, Kim hier. Kannst du mir mal eben Diana an den Apparat holen? Ja, gut geht's mir. Nein, ich rufe nicht vom Münchner Hauptbahnhof an, klingt nur so. Ja, von der Redaktion. Ist richtig was los heute...«

Ich räusperte mich und tippte mit der Hand nervös an die Tischkante.

»Na endlich, Diana. Ja, blendend läuft's bei mir. Und selbst? Hör mal, weshalb ich anrufe: Kannst du dich noch dran erinnern, daß du vor etwa vier Jahren einen Artikel geschrieben hast? Wie bitte? Ach, das Thema wäre hilfreich für dich... Sehr witzig! Also, der Titel war ungefähr so: ›Die zwanzig besten Möglichkeiten, tolle Männer kennenzulernen!‹«

Entweder hatte ich regelrecht in den Hörer gebrüllt, oder meine Kolleginnen besaßen einen hochsensiblen Radar, wenn's um Männer ging. Jedenfalls war es schlagartig still im Raum, gerade so, als hätte ich mit einer Magnum einen Warnschuß abgefeuert.

»Ähem also... Ich brauch den Artikel dann gelegentlich. Schick ihn doch an meine, äh, Privatadresse, zur Sicherheit, in der Redaktion geht nämlich immer so viel verloren...«

Begleitet von einem hysterischen Kicherlaut, der eindeutig von einem der Schreibtische hinter mir kam, legte ich langsam den Hörer auf.

Ganz cool bleiben, dachte ich und starrte auf einen roten Klecks auf meiner Schreibtischunterlage. Dann griff ich nach ein paar verstaubten Dias, die schon seit Wochen in meiner Schublade herumlagen, und hielt sie interessiert gegen das Licht.

Nach und nach setzten wieder die ersten Arbeitsgeräusche um mich herum ein.

Zwei Tage später lag ein braunes Kuvert aus Hamburg in meinem Briefkasten. Ich war nach einem harten Arbeitstag erschöpft nach Hause gekommen, doch der magische Umschlag wirkte auf mich wie eine Dosis Aufputschpillen.
Diana hatte den Artikel tatsächlich gefunden und für mich kopiert. Natürlich hatte sie es sich nicht verkneifen können, quer über die erste Seite mit rotem Filzstift ein riesengroßes ›Petri Heil!‹ zu kritzeln.
Ich sperrte meine Wohnungstür auf, warf Mantel und Handtasche auf einen Stuhl und mich selbst auf die Couch. Dann zündete ich mir mein obligatorisches Zigarillo an und begann mit der gründlichen Lektüre des Artikels.
Mit einem Mal fühlte ich mich vier Jahre zurückversetzt. Ich war damals gerade frischverliebt in Jens gewesen, und Diana hatte eine wilde Affäre mit einem ausgeflippten Gitarristen gehabt. Was hatten wir gelacht, als sie den Auftrag bekam, für den unbemannten Teil unserer weiblichen Leserschaft Tips zu sammeln, wo frau am besten ihre Netze auswarf. In der Überheblichkeit unseres jungen Glücks hatten wir gekichert bei der Vorstellung, wie unsere Leserinnen die heißen Tips rauf und runter durchprobieren würden.
Ja, damals... Heute griff die einst so übermütige Kim Bergen dankbar nach dem Strohhalm, der ihr helfen würde, sich über Wasser zu halten und einen

Froschkönig zu finden, den sie freiküssen konnte. Nun mußte sich in der Praxis zeigen, was die Tips vom grünen Redaktionstisch taugten.
Für Phase eins der ›Aktion Froschkönig‹ wählte ich Patricias Telefonnummer.

»Aktion was? Froschkönig? Ich glaube, du tickst nicht richtig!« Patricia gab ein gepreßtes Lachen von sich.
»Ich hab momentan ganz andere Sorgen. Wolfgang ist seit genau 48 Stunden und 35 Minuten nicht mehr zu Hause aufgetaucht. Er hat nicht mal eine Telefonnummer hinterlassen. Wenn er sich nicht bald meldet, weiß ich nicht, wozu ich fähig bin...« Sie fing an zu schluchzen.
»Pat, hör mich doch wenigstens an! Wie wär's, wenn du den Spieß einfach umdrehst? Soll doch er sich Sorgen machen, wo du steckst. Laß uns übers Wochenende verreisen. Nicht weit weg, nur nach Garmisch.«
Ich machte eine kurze Pause und wartete auf einen Widerspruch. Es kam keiner.
»Also: Wir nehmen uns ein Zimmer in einem schnuckeligen Sporthotel, machen ausgedehnte Spaziergänge, gehen schick essen und abends in die Spielbank. Das sind nämlich die Punkte eins und zwei auf meiner Liste der Orte, wo man tolle Männer kennenlernt!«
»Liste? Klingt nach Versandhauskatalog. Was soll der Quatsch?«

»Ist kein Quatsch, im Gegenteil. Jetzt hör doch erst mal zu!«
Um ihr das Ganze schmackhaft zu machen, nahm ich den Artikel und begann ihr daraus vorzulesen.
»›Buchen Sie ein Zimmer in einem First-Class-Hotel. Finden Sie zuvor heraus, ob dort Kongresse oder Seminare für Manager stattfinden. Ist das der Fall, ist die Wahrscheinlichkeit groß, daß Sie in der Lobby, an der Rezeption, im eleganten Speisesaal oder in der intimen Kaminbar dem Mann Ihrer Träume begegnen.‹ Na, was sagst du?«
»Ich weiß nicht so recht...«, murmelte Patricia unschlüssig.
»Das ist noch nicht alles. Hör zu: ›Besuchen Sie ein Spielkasino. Männer, die Sie dort treffen, sind in der Regel interessant und verfügen über das nötige Kleingeld. Am Roulettetisch ergibt sich dann sozusagen spielend ein Gespräch übers Gewinnen und Verlieren, über Glück im Spiel und Pech in der Liebe. An einem solchen Abend haben Sie gute Chancen, dieses Sprichwort umzukehren.«
»Naja, klingt wirklich nicht so schlecht«, sagte Patricia zögernd.
»Meine Rede! Endlich hast du's begriffen. Du hinterläßt deinem Wolfgang nur einen Zettel mit der lapidaren Message: ›Bin übers Wochenende verreist, aber nicht zu Mutter!‹ Dann wird er so richtig ins Grübeln kommen...«
»Ich glaube, du hast mich überredet«, sagte Patricia nach einer Weile. Ihre Stimme klang schon nicht mehr ganz so weinerlich.

Als Patricia am Samstagmittag mit ihrem Gepäck vor meiner Haustür stand, klappte mir verblüfft die Kinnlade nach unten.
Eingerahmt von zwei hochschwangeren Reisetaschen und einem Überseekoffer im Kolonialformat, strahlte sie mich erwartungsvoll an.
»Ich hatte Garmisch gesagt, nicht Australien«, bemühte ich mich zu scherzen.
»Keine Angst, Kim. Den Koffer laß ich hier bei dir. Wolfgang soll nämlich denken, ich sei ausgezogen!«
»Ach so, mhm. Okay. Stellen wir das Monstrum mal hier in die Ecke!«
Gemeinsam hievten wir das gigantische Ding in den Wohnungsflur.
»Aber für knapp zwei Tage brauchst du doch sicher nicht die beiden riesigen Reisetaschen...«
Ich warf einen mißbilligenden Blick auf die vollgepfropften schwarzen Klumpen, die aussahen, als könnte sie nur ein Gewichtheber für ein paar Sekunden vom Boden hochstemmen.
Patricia machte ein Gesicht, als hätte ich gedroht, ihr die Luft zum Atmen wegzunehmen.
»Doch, die brauche ich. Alle beide! Ich brauche immer für jede Gelegenheit, jede Stimmung und jedes Wetter das passende Outfit«, sagte sie mit leichter Hysterie in der Stimme.
»Ist ja okay, Pat. Ich geb zu, daß ich auch eine ziemlich große Tasche mitnehme. Außerdem einen mittelgroßen Hartschalenkoffer, ein Beautykit und meinen braunen Lederbeutel, der das Format eines hochalpinen Rucksacks hat...«
Lachend machten wir uns daran, das Gepäck zum

Auto zu schleppen. Mein schrottreifer Nissan ging dann auch ziemlich in die Knie, was ihn bedeutend schnittiger aussehen ließ, und nach mehrmaligem Umschichten der Taschen und Koffer gelang es uns mit vereinten Kräften sogar, den Kofferraumdeckel zuzudrücken.

Zufrieden ließen wir uns in die Autositze fallen, ich schob zur Feier des Tages die Kassette mit Herbert Grönemeiers Song *Männer* in den Recorder, und wir machten uns auf den Weg nach Garmisch.

5

Mr. Frankenstein 2000

Nachdem er das Gepäck auf unser Zimmer gebracht hatte, stand dem Kofferträger des Ramada Sporthotels der perlende Schweiß auf der Stirn und in den Augen eine unausgesprochene Frage: Wollten die beiden Damen, die soeben mit ihrem gesamten Hausstand angereist waren, hier im Hotel ihren Lebensabend verbringen?

Ich konnte den Anblick seines gekrümmten Körpers nicht länger ertragen und steckte ihm diskret zehn Mark Schmerzensgeld zu, woraufhin er eilig aus dem Zimmer humpelte.

Inzwischen war es drei Uhr nachmittags. Wir beschlossen, uns erst frischzumachen und danach die Umgebung zu erkunden.

Direkt neben dem Hotel lag ein idyllischer kleiner See, der zum mehrmaligen Umrunden einlud. Die frische Luft weckte die Lebensgeister und schenkte Patricia Kraft und Energie für eine neuerliche Haßtirade gegen ihren untreuen Gatten.

»Wenn ich mir vorstelle, daß Wolfgang gerade in einem billigen Hotelzimmer sitzt und dieses billige kleine Flittchen zu einem billigen kleinen Schäferstündchen empfängt! Ich warte ja nur drauf, daß der Skandal publik wird! Unzucht mit Abhängigen! Ich hoffe, er fliegt von der Schule! Eine Schande ist das...«

Ich murmelte zustimmende Kommentare an den

passenden Stellen, nannte Wolfgang einen megageilen Junghühnerhabicht und midlife-hormongesteuerten Nesträuber – was Patricia zu kurzen Heiterkeitsausbrüchen veranlaßte –, aber meine Gedanken kreisten um ein anderes Problem: Bisher hatte ich noch keinen einzigen attraktiven Singlemann gesichtet! Weit und breit nur verliebte Pärchen oder glückliche Ehepaare mit ihren Kinderchen und Vierbeinern. Friede, Freude, Hundekuchen! Ab und zu tauchten ein paar zittrige Rentner in der Ferne auf, krochen langsam näher, nickten beim Vorbeigehn freundlich mit den schlohweißen Häuptern und riefen uns ein aufgeräumtes »Grüß Gott!« zu.

Das konnte ja heiter werden! Andererseits war es blödsinnig zu erwarten, daß die faszinierenden Männer, die mit beiden Beinen im Geschäftsleben standen, am hellichten Nachmittag um einen idyllischen See spazierten. Wenn meine Freundin Diana recht hatte, tummelten sie sich des Abends im eleganten Speisesaal, in der intimen Kaminbar...

Um dafür in Topform zu sein, schlug ich Patricia vor, den Spaziergang abzubrechen und sich vor dem Abendessen noch ein wenig aufs Ohr zu legen.

Aufgestylt wie für eine Oscarverleihung verließen wir gegen sieben Uhr unser Zimmer, um vor dem Dinner noch einen Aperitif an der Hotelbar zu nehmen.

Das Nachmittagsnickerchen hatte Patricia sichtlich

erquickt: Mit neuer Dynamik stelzte sie auf hohen Lackstilettos vor mir die Treppe nach unten.
Noch ein wenig schlaftrunken starrte ich auf ihren hautengen schwarzen Kostümrock. Ihr Po wirkte darin wie vom Karosseriefachmann eingeschweißt, fand ich. Hypnotisch pendelte er im Gleichklang mit ihren Bommelohrringen hin und her.
Plötzlich fragte ich mich, ob mein Outfit neben Patricias elegantem Understatement nicht ein wenig ins Schrille tendierte. Meine Wahl für den Abend der Abende war auf einen enganliegenden Catsuit in Neonorange gefallen, der selbst bei einem totalen Stromausfall eine problemlose Lokalisierung meiner Person gewährleistete. Auch mein Schmuck kam mir auf einmal etwas pompös vor: scheppernde Plexiglasarmreifen an beiden Armen, üppige Glitzerkaskadenohrringe, die sich an meinem Schlüsselbein vorbei schillernd ins Dekolleté ergossen, sowie ein Gürtel, der aus dem Kostümfundus von ›Raumschiff Enterprise‹ hätte stammen können.
Schnell verjagte ich diese störenden Gedanken und versuchte mit einem tiefen Atemzug, eine gute Portion Selbstbewußtsein in mein Sonnengeflecht strömen zu lassen. Nach dieser leicht abgewandelten Übung aus dem autogenen Training betrat ich zuversichtlich die Bar. Patricia steuerte – anscheinend aus strategischen Erwägungen – nicht auf einen der Tische zu, sondern direkt zum Bartresen.
Bis auf ein älteres Ehepaar, das sich in stummer Vertrautheit einen Martini nach dem anderen reinzog, war die Bar noch völlig leer. Auf Anfrage

meinte der Barkeeper, die Hotelgäste würden sicher bald in Massen hereindrängen, und wir könnten uns glücklich schätzen, noch rechtzeitig einen guten Platz an der Theke ergattert zu haben.
Motiviert rührten wir daraufhin mit den langen Plastikcocktailstäbchen in unseren Drinks herum, plauderten ein wenig mit dem Barkeeper und beobachteten aus den Augenwinkeln den Eingang der Bar.
Eine Stunde später machten sich Ermüdungserscheinungen bemerkbar. Das Gespräch war verstummt. Nur das Klirren der Eiswürfel war zu hören, und meine Stimmung war unter den Gefrierpunkt gesunken. Von den angekündigten Massen, die hereindrängen sollten, war nichts zu sehen; um genau zu sein: Es hatte sich kein Mensch blicken lassen.
Patricia zerfledderte gerade ihre dritte Zitronenscheibe in ihrem dritten Vodka Lemon – ich vermutete, daß es ein symbolischer Akt war und Wolfgang galt –, als mir unvermittelt die Erkenntnis der totalen Sinnlosigkeit des Lebens und die Wirkung des vierten Tequila Sunrise auf nüchternen Magen den Boden unter den Füßen wegzog. Ich schwebte über mir und beobachtete mich, wie ich den Barkeeper beobachtete, der gerade zwei weitere Martinis für das schweigsame Ehepaar mixte, das ebenso apathisch wie wir in den Seilen hing.
Patricia hatte eine verkniffene Märtyrerinnenmiene aufgesetzt; ihre zusammengepreßten Lippen verrieten den unausgesprochenen Vorwurf – schließlich hatte ich uns das alles eingebrockt.
»Soll ich den Barkeeper fragen, ob er uns etwas

Ecstasy oder Crack besorgen kann?« versuchte ich sie aufzuheitern.
»Ha, ha...« machte Patricia und bestellte noch einen Vodka Lemon.
Ob ich den Abend ohne Selbstmordversuch überstand? Ich mobilisierte meine Widerstandsreserven und hatte eben beschlossen, mich zu entspannen und ganz locker alle Hoffnung fahren zu lassen, als ich eine Männerstimme hinter mir vernahm.
»'n Abend, die Damen. Darf ich mir erlauben, die beiden Hübschen zu einem Pikkolöchen einzuladen?«
Leicht wankend drehte ich mich zu unserem potentiellen Wohltäter um und spürte, daß auch in Patricia wieder Leben kam.
Mit weit aufgerissenen Augen starrten wir diese Erscheinung an.
»Wie wär's mit einem Mümmchen, die Damen?« wiederholte er seine Frage. »Herr Ober, bitte drei von den kecken Fläschchen!«
In Sekundenschnelle war mir klar, daß die Aufmerksamkeit dieses charmanten Herrn meine Selbstmordgedanken noch erheblich förderte. Er wirkte wie das Ergebnis eines ambitionierten, aber mißglückten Zuchtprogramms – als hätte ein Dr. Frankenstein 2000 die Gene diverser Hollywoodherzensbrecher zu einer unschlagbaren Kombination zu vereinen versucht. Entstanden war ein Mutant mit der gigolobärtchengeschmückten Schmierigkeit eines Clark Gable, der vom Winde verwehten Kranzglatze eines Burt Reynolds, mit Jerry Lewis' zwerchfellerschütterndem Überbiß

und Marty Feldmans publikumswirksamen Froschaugen.
»Gisbert Hartmann mein Name«, sagte der Mutant und bedeckte seinen Kahlschlag schamhaft mit einem albernen Baseballkäppi, das er zur Begrüßung höflichkeitshalber abgenommen hatte.
Als er uns zwei ›Hübschen‹ noch etwas von dem Mümmchen nachgoß, kämpfte ich mit einem heftigen Brechreiz. Ich hatte den Fehler begangen, meinen Blick zu lange auf der schwarzbraunen Kräuselwolle verweilen zu lassen, die aus dem weit aufgeknöpften Hemd quoll.
»Ich komme aus Düsseldorf«, rief Gisbert aus, wohl in der Annahme, daß uns die Frage nach seiner Ortsansässigkeit schon die ganze Zeit auf den Lippen gebrannt hatte.
Als ich einen genervt-vertraulichen Blick mit Patricia austauschen wollte, blieb mir das Augenrollen im Lid stecken.
Gebannt hing sie an Gisberts Raffzähnen, beantwortete jede seiner Äußerungen, selbst einen unterdrückten Rülpslaut, mit leuchtenden Augen und eifrigem Kopfnicken.
Gisbert blieb das natürlich nicht verborgen, und er nutzte geistesgegenwärtig die Gunst der Stunde.
»Meine Damen, die Zeit ist gekommen, Brüderschaft zu trinken. Laßt uns mit einem Kuß den Rest des Eises brechen!«
In feuchter Vorfreude führte Gisbert das Glas zum Mund. Ich saß da wie das Kaninchen vor der Schlange und betete, daß der Sektkelch an mir vorübergehen möge. Ein schmatzender Kuß traf meine

Wange – gottlob hatte ich das Gesicht rechtzeitig weggedreht –, dann wandte sich Gisbert Patricia zu. Hingebungsvoll saugte er sich an ihr fest wie ein Putzerfisch an der Aquariumscheibe und preßte sie so heftig an seine Gorillamännchenbrust, daß ich ihre Rückenwirbel leise knacken hörte. Das Eis brach hörbar, und der Funke sprang knisternd über, als Gisbert – weit entfernt, sein Licht unter den Scheffel zu stellen – weiter vom Leder zog: Er sei Internist mit florierender Praxis in bester Lage in Düsseldorf, erfuhren wir, und nebenbei wissenschaftlich tätig – seit Jahren arbeite er an einer nobelpreisverdächtigen medizinischen Entdeckung. (Ganz klar, Genmanipulationen im Selbstversuch, dachte ich.) Der Grund seines Aufenthalts in Garmisch sei ein Rhetorikseminar, das im Hotel stattfand.

»Wissen Sie, meine Damen«, sagte Gisbert und sah Patricia tief in die Augen, »ich muß nämlich des öfteren Vorträge über meine wissenschaftliche Arbeit halten, auch in Funk und Fernsehen, und da ist so ein Rhetorikseminar schon recht hilfreich!« Aus unerfindlichen Gründen lachte er schallend und bewies damit, daß er zu allem Überfluß eine typisch rheinische Frohnatur war.

Auch Patricia schien diese Erkenntnis gewonnen zu haben, denn sie versuchte, zu Gisberts weiterer Erheiterung mit einem Arztwitz beizutragen. Der schnitt ihr jedoch reaktionsschnell das Wort ab, um aus Kennermund eine Arztanekdote zum besten zu geben. Er bestand darauf, daß wir uns ausschütteten vor Lachen, und immer, wenn Patricias Lachen

etwas abzuschwellen drohte, wiederholte er die Pointe noch einmal.
Meine zu einem Grinsen verzerrten Kiefermuskeln begannen zu schmerzen und dann meine Nackenmuskeln: erste Anzeichen eines Migräneanfalls.
Unter Gisberts und Patricias lauten Protesten rutschte ich von meinem Barhocker und bat um die Erlaubnis, mich aufs Zimmer zurückziehen zu dürfen. »Geht ›ihr beiden Hübschen‹ ruhig allein zum Abendessen«, sagte ich. »Wenn ich flachliege, geht's mir bestimmt gleich besser. Außerdem kann ich ja Zimmerservice bestellen. Macht euch wegen mir bloß keine Sorgen!«
»Alles psychosomatisch bei den Damen«, hörte ich Gisbert dozieren, als ich aufatmend meinen Rückzug antrat.
Im Hotelzimmer setzte eine wundersame Spontanheilung bei mir ein. Bis auf ein alkoholbedingtes Schwindelgefühl waren schlagartig sämtliche Krankheitssymptome verschwunden.
Trotzdem legte ich mich erst mal aufs Bett und überdachte meine Lage.
»Zur Hölle mit dir, Froschauge!« zischte ich ärgerlich. So war das mit ›Aktion Froschkönig‹ nicht gemeint; da mußte Patricia was falsch verstanden haben. Was in aller Welt konnte sie bloß an diesem quasselnden Brechmittel finden?
Der Abend war jedenfalls gelaufen. Was zum Kuckuck sollte ich jetzt tun? Kaviarhäppchen beim Roomservice bestellen und dem Zimmerkellner die Livree vom Leib reißen? Mit knurrendem Magen und surrendem Kopf versuchen zu schlafen?

Ich ging ins Bad, löste ein Alka Seltzer im Zahnputzglas auf und prostete mir mit dem sprudelnden Wasser im Spiegel zu – eine recht dramatische Pose, wie ich fand.

Der Anblick meines theatralischen Spiegelbilds weckte plötzlich meine Lebensgeister. Die Nacht war schließlich jung – noch konnte ich alles gewinnen!

6

Rien ne va plus

Spielkasinos haben mich von jeher fasziniert. Ich finde es einfach herrlich, wenn elegante Menschen den ganzen Abend nichts anderes tun, als nach Geld zu stinken, mondän um grüne Tische herumzustehen und bunte Plastikplättchen auf Zahlen zu legen. Wenn alle Augen gebannt die kleine weiße Kugel verfolgen, die leise polternd in der Roulettescheibe herumspringt, bis sie irgendwann auf einer schicksalhaften Zahl zur Ruhe kommt. Ich bewundere die stoische Gelassenheit, mit der manche Menschen Tausende von Mark verlieren oder gewinnen. Und ich liebe die nonchalante Art, mit der die glücklichen Gewinner einen Fünfzigmarkchip als Trinkgeld für die Angestellten hinwerfen.

Ich hasse es zu verlieren. Und ich hasse die Tatsache, daß ich nie einen Fünfzigmarkchip für die Angestellten spenden werde. Das liegt daran, daß ich sicherheitshalber nie mehr als dreißig Mark in Chips umtausche und daß ich mich – die Gefahren der Spielsucht stets vor Augen – nie zu leichtsinnigen Aktionen hinreißen lasse.

Ich setze zum Beispiel nie auf Zahl, sondern immer nur auf Rot oder Schwarz; damit habe ich eine Chance von fünfzig Prozent, wenigstens den doppelten Einsatz zu gewinnen.

Ich habe das Prinzip ziemlich genau durchdacht und herausgefunden, daß man, wenn man auf beide

Farben gleichzeitig mit gleich hohem Einsatz setzt, tatsächlich immer auf dem gleichen Stand bleibt. Auf diese Weise kann man den ganzen Abend spielen, ohne Verluste zu machen. Reich wird man dabei allerdings auch nicht. Aber das war, speziell an jenem schicksalsträchtigen Abend, auch gar nicht meine Absicht!

Ich hatte mir im Hotelzimmer noch schnell einen Hamburger einverleibt, war in mein kleines Schwarzes geschlüpft und mit einem Taxi zum Spielkasino gefahren.
Es war gut besucht. Eine zwanzigköpfige japanische Reisegruppe scharte sich um einen der Tische und verlor gerade im Kollektiv, weil alle wie ein Mann auf Zero gesetzt hatten. An einem anderen Tisch haute ein munteres Rudel von Arabern eine ansehnliche Menge der nie versiegenden Petrodollars auf den Kopf, wobei der eine oder andere Ölscheich seinen Blick in die geheimnisvollen Tiefen meines Dekolletés einsickern ließ.
Die Wüste lebt, dachte ich grimmig – ganz im Gegensatz zum dekadenten Westen, der ausschließlich durch angejahrte Ehepaare vertreten war, die Herren zumeist im Smoking, die Damen brillantenbewehrt. Nicht einmal ein Schatten all der interessanten Männer, die meine liebe Kollegin in ihrem Artikel versprochen hatte.
Resigniert schlenderte ich zwischen den Roulettetischen herum. Doch plötzlich, fast glaubte ich zu

träumen, verfingen sich meine Augen in einem scheuen Männerblick.
Ich blieb unbeweglich stehen, um mich völlig auf den Blickwerfer konzentrieren zu können.
Hoppla, dachte ich. Jetzt schon wieder. Und wirklich: Die großen braunen Augen eines jungen Croupiers wanderten unruhig zwischen seinen Jetons und mir hin und her.
Waren diese distanziert wirkenden Kasinoangestellten unter ihren Smokings etwa richtige Männer?
Ein weiterer Blick traf mich, diesmal gar nicht mehr so schüchtern. Sehr jung, der Bursche, aber wirklich attraktiv – und offenbar alt genug, eine Klassefrau wie mich auf Anhieb zu erkennen.
In einer Anwandlung leidenschaftlicher Kühnheit setzte ich mich an seinen Tisch und zwei meiner Fünferchips auf Rot, natürlich auf Rot, in geradezu genialer Symbolik.
Ein Lächeln umspielte seine Lippen, das auf sämtliche Muskelfasern meines Körpers wie ein Weichspüler wirkte. Er hatte meine Botschaft begriffen!
Und selbst die kleine weiße Kugel war plötzlich meine Komplizin, sprang kokett auf die Farbe der Liebe und blieb dort liegen.
Mit bezwingender Anmut häufte der Jüngling meinen Gewinn (weitere zwei Fünferchips!) vor mir auf. Dabei sah ich, daß er die schönsten Hände hatte, die ich je an einem Mann gesehen hatte. Wunderbar schmale Hände mit langen, zarten Fingern und völlig sauberen Fingernägeln!
Der Gedanke an das unendliche Fingerspitzengefühl, das dieser attraktive Jetonbändiger haben

mußte, ließ mir den Atem stocken. Genauso stellte ich mir die Hände eines begnadeten Pianisten vor. Und jetzt fiel mir auch ein, an wen mich der Jüngling erinnerte: an Richard Clayderman, den goldblonden Pianisten, den alle Mütter anhimmelten und wünschten, er möge wenigstens ihre Töchter glücklich machen.

Wie in Trance setzte ich mein ganzes Häufchen Chips ein zweites Mal auf Rot, und wieder blieb die Kugel – wollüstig, wie mir schien – im roten Feld liegen, und wieder trat die Künstlerhand in Aktion. Wie Blitze schossen elektrisierte Blicke zwischen ihm und mir hin und her, und als er von einem Kollegen abgelöst wurde, gab er mir ein Zeichen.

»Warte auf mich!« flüsterte er mir zu und würzte diese Aufforderung mit einem so hinreißenden Lächeln, daß mir helle Sternchen vor den Augen tanzten.

Aber plötzlich schrak ich aus dem seligen Schwindel auf. Warte auf mich – was sollte das heißen? Sollte ich warten, bis er die Volljährigkeit erreicht hatte? Oder bis seine Scheidung durch war? Logischer war allerdings, daß ich vor dem Kasino auf ihn warten sollte, weil sein Dienst zu Ende war.

Ich ging nach draußen, und wirklich, wenige Minuten später kam er strahlend auf mich zu.

»Hallo, schöne Fremde, ich heiße Jean...«

»Oh, ein französischer Name. Du sprichst aber gut deutsch!«

»Du auch!« meinte er schelmisch.

Er hatte sich umgezogen. In seiner schwarzen Lederkluft erinnerte er mich allerdings nicht mehr

an Richard Clayderman, sondern eher an den siebzehnjährigen Sohn einer Freundin aus Hamburg, der sich vor kurzem den ›Hells Angels‹ angeschlossen hatte. Dem zum Trotz gab er mir einen formvollendeten Handkuß, den auch Johannes Heesters nicht besser hingekriegt hätte.
Wir wechselten noch ein paar Smalltalksätze, dann meinte er leichthin: »Wie wär's mit einer kleinen nächtlichen Spazierfahrt? Ich mache das immer nach dem Kasino, um den Kopf freizubekommen.«
»Phantastische Idee«, entgegnete ich, in der Annahme, gleich in die weichen Polster eines wohltemperierten Wagens sinken zu dürfen.
Gentlemanlike bot er mir seinen Arm an und führte mich zur Parkgarage. Auf dem Parkdeck, wo wir landeten, befanden sich nur zwei Fahrzeuge: ein Mercedes 500SL und eine chromglänzende Yamaha mit zwei Sturzhelmen. Und noch ehe ich ein Wort des Protests äußern konnte, hatte ich einen Sturzhelm auf dem Kopf.
Wir brausten durch die Gegend, daß mir angst und bang wurde. Ich hatte meine Arme um Jeans Taille geschlungen und zitterte mit der vibrierenden Maschine um die Wette. Mein dünnes schwarzes Seidenmäntelchen blähte sich im Fahrtwind auf wie ein Fallschirm; erbärmlich schlotternd wie ein überzüchteter Rehpinscher preßte ich mich immer fester an Jeans Rücken. Jedesmal, wenn er an einer Ampel hielt und wieder anfuhr, riß es mir den Kopf mit dem ungewohnt schweren Sturzhelm so weit in den Nacken, daß ich unwillkürlich in den sternklaren Nachthimmel blicken mußte.

Nach einer halben Ewigkeit, wie mir schien, hielten wir vor einem alten Landhaus. Das Brummen der Maschine erstarb.
Jean drehte sich zu mir, nahm seinen Sturzhelm ab und sagte etwas. Ich verstand kein Wort. Steifgefroren wie eine Tiefkühlgans und taub wie ein Bauarbeiter nach zwanzig Jahren am Preßlufthammer, starrte ich ihn durch mein angelaufenes Visier an. Lachend nahm er mir den Helm ab. »Ich wollte dich fragen, ob du einen heißen Tee bei mir trinken möchtest?« hörte ich ihn sagen.
Während wir die Treppen zu seinem Zimmer hochstiegen, überlegte ich, daß ich mir da einen ganz schön ausgekochten Burschen geangelt hatte. Wenn er sein Programm immer so durchzog, hatte er bestimmt noch nie Probleme gehabt, den durchgefrorenen Damen die Vorzüge seiner warmen Bude nahezubringen.
Sein Zimmer war ein etwa zehn Quadratmeter großer Allzweckraum, der frühe Erinnerungen an die Rumpelkammer meiner Großmutter bei mir aufsteigen ließ.
Ich setzte mich auf sein Bett, die einzige Sitzmöglichkeit, und beobachtete ihn, wie er am Waschbecken herumhantierte.
Vorsichtig füllte er Wasser in einen etwas verkrusteten Kochtopf (ich tippte darauf, daß seine letzte Mahlzeit aus Miracoli mit Tomatensoße bestanden hatte) und hängte lässig einen Tauchsieder hinein.
»Dieses Zimmer ist nur vorübergehend, bis ich was Besseres gefunden habe«, meinte er, entschuldigend auf das Chaos deutend.

Ich lächelte tapfer, so als hätte ich gar nichts Außergewöhnliches bemerkt.
»Darf ich?« fragte ich und griff nach seinem Personalausweis, der auf dem Nachttisch lag. »Hans Hofstätter«, las ich. »Geboren 1968 in München.«
»Na, zufrieden?« spöttelte er, setzte sich zu mir aufs Bett und legte den Arm um meine Schultern.
Ich war keineswegs zufrieden. Dieser Halbwüchsige hier war zehn Jahre jünger als ich und hatte mir obendrein den falschen Namen genannt!
»Falls du dich wunderst – Jean ist nur die französische Version von Hans. Ich fand, das klingt besser und paßt zu meinem Beruf.«
Dann schubste er mich ohne Vorwarnung in die Horizontale und gab sich größte Mühe, mich mit vollem Einsatz seines jugendlichen Körpers aufzutauen.
Nach den endlosen Monaten absoluter Enthaltsamkeit wies ich schon nach wenigen Minuten partielle Schmelzungserscheinungen auf und warf, zum Äußersten entschlossen, auch meinen Verstand über Bord.
Aber als Jean aufsprang, um den Tauchsieder aus dem bereits übersprudelnden Kochtopf zu ziehen, fiel mir plötzlich siedendheiß der Slogan des Bundesgesundheitsministeriums ein.
›Gib Aids keine Chance‹, wirbelte mir im Kopf herum, und ich hoffte inständig, daß es Kondome waren, nach denen Jean im Alibertschränkchen über dem Waschbecken kramte. Aber er förderte nur ein paar zerknitterte Früchteteebeutel zutage, schmiß sie in den Topf und sich wieder auf mich.

Während des massiven Handgemenges, in dessen Verlauf wir beide einiger Kleidungsstücke verlustig gingen, fiel mir ein, daß ich ja im Geheimfach meiner Handtasche ein Kondom hatte. Als vor einigen Jahren das Thema Aids umging wie ein Schreckgespenst, hatte ich in den Geheimfächern aller Handtaschen Kondome deponiert. Aber ich hatte sie nie benutzt und auch nicht ausgewechselt, und so vermutete ich, daß das Material inzwischen porös und brüchig geworden war.

Inzwischen war unser Nahkampf in eine kritische Phase eingetreten: Alles deutete darauf hin, daß ich in jeder Hinsicht unterliegen würde.

»Jean«, stöhnte ich auf. »Jean, ich... Du, wir sollten aber nicht...«

»Wieso nicht?« schnaufte Jean.

»Nein, nicht überhaupt nicht. Nur nicht ohne...«

»Nicht ohne was?« röchelte Jean, schon fast am Ende seiner Beherrschung.

»Kondom!« platzte ich heraus, ohne noch weitere Zeit mit zarten Andeutungen zu verschwenden.

»Mist!« sagte Jean und rollte sich von mir ab. Murrend stand er auf und fing an, den Alibertschrank zu durchstöbern.

Als sich der gesamte Inhalt des Schränkchens im Waschbecken befand, schüttelte er ärgerlich den Kopf. Er riß den Kleiderschrank auf, wühlte in den Taschen seiner Jacken, warf Handtücher und Unterwäsche auf den Boden, Schuhe flogen quer durch den Raum. Einer davon streifte mein linkes Ohr, klatschte hinter mir an die Wand und plumpste aufs Bett.

Meine Erregungskurve rasselte haltlos in den Keller, und auch seine war nicht mehr ganz auf der Höhe: Als er endlich das Gesuchte in Händen hielt, gab es kaum mehr was, worüber er es hätte streifen können.
Erschöpft legte er sich zu mir aufs Bett und schloß die Augen. Auch ich war plötzlich müde, unglaublich müde. Gib der Sinnlichkeit keine Chance, dachte ich wehmütig. Ich nahm Jean tröstend in die Arme und streichelte sein blondes Haar.
»Rien ne va plus«, brummelte er schläfrig, gähnte herzhaft und ließ ein paar kräftige Winde sausen, die ich ihm gar nicht zugetraut hätte. Dann entglitt er mir mit einem pfeifenden Schnarchton. Aha! dachte ich. Gone with the wind!

Eine halbe Stunde später sperrte ich, reichlich angeschlagen von den Ereignissen des Abends, die Tür zu unserem Hotelzimmer auf.
Ich ging davon aus, es leer vorzufinden, da ich Patricia in Gisberts starken Armen wähnte. Kaum hatte ich jedoch die Tür einen Spaltbreit geöffnet, ging drinnen das Licht an.
Patricia saß aufrecht im Bett und blinzelte mich mit zusammengekniffenen Augen an.
»Du kommst ja reichlich früh!« sagte sie im Ton einer vorwurfsvollen Ehefrau, die die ganze Nacht auf ihren um die Häuser ziehenden Gatten gewartet hatte.
»Na ja, ich dachte, du und Gisbert...«

»Hör bloß auf! Das war vielleicht ein Flop!« zischte sie böse. »Erst lief alles ziemlich gut. Wir haben toll zu Abend gegessen, es war echt romantisch!«

»Kann ich mir vorstellen«, meinte ich und hielt ihr zugute, daß das flackernde Kerzenlicht womöglich einen geheimnisvollen Glanz in Gisberts Triefaugen gezaubert hatte.

»Und dann... also, kurz gesagt, ich landete in seinem Hotelzimmer! Weißt du, wenn man von seinem eigenen Mann nicht mehr geschätzt wird, muß man sich seine Bestätigung eben woanders holen!«

»Ganz klar!«

»Jedenfalls haben wir zusammen noch ein Fläschchen Wein geleert und danach... Ach, es ist wirklich zu blöd!«

»Laß mich raten – er ist auch verheiratet, und ihr habt die ganze Nacht über eure Eheprobleme geredet!«

»O nein, viel besser: Der Herr Doktor hatte das dringende Bedürfnis, sich zu profilieren. Nicht was du denkst, ganz im Gegenteil: Er bestand darauf, mir mitten in der Nacht seine Hausaufgabe fürs Rhetorikseminar vorzutragen.«

»Na und? Das kann ja wohl nicht ewig gedauert haben.«

»Es war ein einstündiger Vortrag über Magen- und Darmerkrankungen! Vorbeugung, Diagnose und Therapie en detail. Wenn du also was über künstliche Ausgänge wissen willst, frag mich. Ich bin jetzt Expertin auf dem Gebiet.«

»Ich glaub's einfach nicht!« sagte ich und kämpfte gegen einen aufkeimenden Lachanfall an.

»Gisbert konnte gar nicht verstehen, warum ich plötzlich zurück auf mein Zimmer wollte.«
Das war zuviel. Ich warf mich aufs Bett und lachte, bis mir die Tränen übers Gesicht liefen. Patricia saß aufrecht in den Kissen und starrte mich böse an, aber dann ging auch ihr die Komik der Sache auf, und sie lachte mit.
Als ich wieder zu Atem gekommen war, sagte ich – mit dem Risiko, einen neuen Lachanfall zu provozieren: »Und jetzt hör die Geschichte an, die ich auf Lager habe.«

7

»Give me a chance!«

Am nächsten Morgen saßen wir schweigend beim Frühstück und versuchten, unsere mißglückten amourösen Abenteuer zu verdauen. Unter schweren Augenlidern ließen wir dabei unsere Blicke durch den Raum schweifen.

Gisbert sahen wir nicht, bestimmt lag er noch darnieder, erschöpft von den Anstrengungen der vergangenen Nacht. Die anwesenden Hotelgäste, darunter etliche Seminarteilnehmer mit Namensschildern am Revers, machten uns den Abschied leicht: Angejahrt und alles andere als appetitanregend, würden sie die im Rhetorikseminar erworbene Sprechfertigkeit dringend als Joker benötigen, um ihre Herzensdamen willig zu *reden*.

Nach dem Frühstück packten wir unsere Sachen zusammen und machten uns ohne weitere Verzögerung auf den Nachhauseweg. Die ganze Fahrt über schlief Patricia auf dem Beifahrersitz so fest, daß ich sie, als wir schließlich vor ihrer Wohnung angelangt waren, richtiggehend wachschütteln mußte.

Nach einem kurzen Austausch von Durchhalteparolen lenkte ich mein Gefährt heimwärts.

Mein Frust verwandelte sich blitzschnell in einen cholerischen Wutausbruch, als ich die Straße vor meinem Wohnhaus restlos zugeparkt vorfand.

Laut fluchend umkreiste ich die Häuserblocks, wobei eine furiose Gewaltvision immer plastischer

wurde: Ich sah mich mit einer überdimensionalen Planierraupe anrollen und sämtliche parkenden Autos in Grund und Boden walzen.
Schließlich stellte ich, vom halbstündigen Dauerkreisen schon ganz benommen, den Wagen drei Straßen weiter ab und schleppte mein Gepäck keuchend und schimpfend vor die Haustür.
Als ich nach dem Schlüsselbund kramte, bemerkte ich auf dem Asphalt vor meinem Haus einen auffallend großen, roten Kreidefleck. Es hatte geregnet, und er war schon ziemlich verschwommen, aber bei genauerem Hinsehen konnte ich erkennen, daß er ein in der Mitte zerbrochenes Herz darstellen sollte. Quer über das Herz lief eine Schrift: *Give me a chance, Kim!* entzifferte ich.
Dieser spätpubertierende Fotograf hatte am Wochenende wahrhaftig nichts Besseres zu tun gehabt, als den Gehsteig vor meinem Haus mit diesem auffälligen Riesengraffiti zu verschmieren!
»Ich werde bei Gelegenheit mal ein ernstes Wort mit ihm reden«, murmelte ich.
Im nächsten Moment stellte ich fest, daß mein Schlüsselbund offenbar noch im Zündschloß baumelte.

»Hallo Tom, mein Bester, Kim am Apparat. Du, ich hab da ein kleines Problem!«
»Das ging ja schneller, als ich zu hoffen wagte«, kam Toms triumphierende Stimme aus der Leitung.
Ich stand in einem Telefonhäuschen, um das sich

verträumt meine vier Gepäckstücke gruppierten. Nachdem ich ohne Erfolg sämtliche Klingelknöpfe im Haus durchprobiert hatte, hatte ich mich entschlossen, Tom seine Chance zu geben, um die er mich so eindrucksvoll gebeten hatte.

»Wie steht es um deine Fähigkeiten als Autoknacker?« fragte ich mit liebenswürdiger Stimme.

»Wie bitte? Findest du nicht, daß du ein bißchen zu weit gehst? Was kommt als nächstes? Ein kleiner Mord als Liebesbeweis?«

Ich erklärte Tom meine mißliche Lage. Zum Glück hatte ich wenigstens eines der Autofenster ein paar Zentimeter offengelassen.

»Die Nummer mit der Drahtschlinge, ich verstehe!« sagte er trocken. »Bin schon unterwegs.«

Tom erwies sich trotz Berufsfremdheit als Profi unter den Autoknackern, trotz Schmächtigkeit als Athlet unter den Kofferträgern und trotz Gelegenheit in meiner Wohnung als absoluter Gentleman.

Andererseits hatte er Fluffy, ein wuscheliges Schnüffelmonster von einem Bobtail mitgebracht. Und der verübelte es seinem Herrchen sehr, daß ihm nicht mehr die volle Aufmerksamkeit zuteil wurde.

Ich hatte uns gerade zwei Gläser Sekt eingeschenkt, als das sensible Tier beleidigt auf meinen hellen Teppichboden pinkelte. Daraufhin versuchte Tom, Fluffy zu bestrafen, was in einer turbulenten Hetzjagd quer durch meine Wohnung endete. Dabei

gingen zwei Vasen, ein Aschenbecher, die beiden Sektflöten sowie die halbvolle Sektflasche auf dem Couchtisch zu Bruch.
Die beiden verließen ziemlich überstürzt meine Wohnung; das Herrchen unter gemurmelten Entschuldigungen und Hinweisen auf eine bestehende Haftpflichtversicherung, der Hund laut winselnd und mit scheinheiligen Demutsgebärden.

Am nächsten Morgen tauchte ein Bote von Fleurop mit einem riesigen Strauß roter Rosen in der Redaktion auf. Wir verfolgten alle gespannt seinen Weg, und ich sah aus den Augenwinkeln heraus, wie Patricia freudig aufsprang und ganz leicht die Arme in Richtung Blumenstrauß ausstreckte.
Der Bote blieb jedoch vor meinem Schreibtisch stehen. »Frau Bergen?«
Ich nickte, und er drückte mir den Strauß wie ein Bündel Suppengrün in die Hand.
»Hier ist noch eine Karte für Sie!« sagte der Gemüselieferant und feuerte einen Umschlag vor mich auf den Schreibtisch.
»Wohl ein wenig im Streß heute«, kommentierte ich nüchtern, doch da hatte der rüpelhafte Postillon d'amour schon auf dem Absatz kehrtgemacht.
Ich öffnete den Umschlag und las: ›Eine aufrichtige Entschuldigung von Fluffy und mir! Die Einladung zum Dinner gilt nach wie vor. Tom.‹
»Von wem?« wollte Patricia wissen, die mir von hinten neugierig über die Schulter blickte.

»Ach, nur von Tom«, erwiderte ich und erzählte ihr kurz die Geschichte.
»Ich dachte schon, Wolfgang hätte...«, sagte sie niedergeschlagen. »Gestern abend fand ich ihn nämlich total geknickt am Küchentisch sitzen, hinter einer ganzen Batterie von leeren Bierflaschen. Offensichtlich hatte er gedacht, ich sei ausgezogen. Was ja meine Absicht war, als ich den halben Kleiderschrank ausräumte, um die Sachen bei dir unterzustellen.«
»Und weiter?«
»Er wollte natürlich wissen, was Sache ist. Ich tat ziemlich geheimnisvoll und dachte schon, jetzt hab ich ihn soweit, jetzt kriecht er zu Kreuze. Aber er stand auf und verschwand, ohne ein Wort.«
»Wenn du willst, kannst du vorübergehend wirklich zu mir ziehen. So wie's aussieht, reicht ein Schreckschuß noch nicht.«
»Ich werd's mir überlegen«, meinte Patricia traurig und setzte sich zurück an ihren Schreibtisch.

Am Montagmorgen hatte ich noch geglaubt, fürs erste die Nase voll zu haben von der Jagd auf Froschkönige, aber schon am Montagabend ertappte ich mich dabei, daß ich einen Schlachtplan für die kommende Woche entwarf.
Zwei Aktionen standen auf dem Programm: der Besuch einer Buchhandlung und der einer Kunstausstellung. Meine Kollegin hatte in ihrem Artikel beides wärmstens empfohlen, und zwar mit fol-

genden Argumenten: An beiden Orten bestanden unauffällige Beobachtungsmöglichkeiten, da die anwesenden Herren mit der Bücherauswahl beziehungsweise der Kunstbetrachtung beschäftigt waren. Ein weiterer Pluspunkt war, daß Bücher und Kunst reichlich Gesprächsstoff lieferten, so daß man nicht auf plumpe Fragen wie »Könnten Sie mir sagen, wie spät es ist?« oder »Hätten Sie vielleicht Feuer für mich?« angewiesen war, die jeder Mann sofort als eindeutige Anmache identifizieren konnte. Wenn man sich also für einen bestimmten Kandidaten entschieden hatte, konnte man sich in Ruhe eine passende Frage ausdenken und dann nach Partisanenart die Schlinge zuziehen: ihn so fest in ein Gespräch verwickeln, daß es kein Entrinnen gab...

8

Der Garten der Qualen

Am Donnerstag verließ ich die Redaktion bereits um halb fünf und nahm die S-Bahn in Richtung Innenstadt. Dort lenkte ich meine Schritte zielstrebig zu einer großen Buchhandlung.

Vor der Tür atmete ich noch einmal tief durch und betrachtete mich kritisch in der spiegelnden Scheibe. Ich versuchte, einen literarisch angehauchten Blick aufzusetzen, ohne jedoch die Grenze zum Vergeistigten zu überschreiten – das hätte möglicherweise zu sehr von meiner weiblichen Ausstrahlung abgelenkt!

Als ich schließlich den Laden mit weichen Knien betrat, umfing mich miefige, sauerstoffarme Wärme, und vor meinen Augen setzte ein leichtes Flimmern ein.

Nur einmal in meinem Leben war ich beim Betreten eines Geschäfts genauso aufgeregt gewesen: an dem Tag, an dem ich im Alter von acht Jahren in einem Tante-Emma-Laden zwei Stangen Lakritz klaute, um den draußen Schmiere stehenden Nachbarsjungen zu beeindrucken.

Ganz ruhig, Kim, sagte ich zu mir. Schließlich hatte ich nichts Gesetzwidriges vor. Ware wollte ich heute ja nicht mitgehen lassen.

Ein blondes Mädchen an einer der Kassen tippte gerade die Preise zweier vegetarischer Kochbücher ein, die ein rotbärtiger Alternativrübezahl erwerben wollte. Nervös wühlte der Makrobiot in den Taschen seines dunkelgrünen Parkas nach dem Geld, während die junge Frau mit ihren langen, pinkfarbenen Nägeln auf der glatten Oberfläche der Kasse ein Trommelgeräusch erzeugte, das einem klickenden Countdown gleichkam.

Ich schlenderte langsam zwischen den Regalen auf und ab, um erst einmal das Terrain zu sondieren, und bezog dann Posten vor der ›klassischen Literatur‹. Um meine Tarnung zu vervollständigen, nahm ich irgendeinen Band aus dem Regal und blätterte mit geneigtem Kopf darin herum, während ich im Schutz meines Haarvorhangs verstohlene Blicke schweifen ließ.

Freudig überrascht stellte ich fest, daß die Buchhandlung gut besucht und die Mehrzahl der Kunden männlich und unter sechzig war. Um die ungewohnte Qual der Wahl auszukosten, ließ ich mir Zeit und zog weitere Beobachtungskreise. Wie ein Mäusebussardweibchen über einem Kornfeld voller ahnungsloser Nager, dachte ich und mußte grinsen.

Dann fiel mein Blick auf einen schlanken, großgewachsenen Mann, der, mit dem Rücken zu mir, in einem Buch blätterte. Ich näherte mich unauffällig. Er trug einen Lodenmantel, sein dunkles, naturgewelltes Haar war kurz geschnitten und an den Schläfen leicht ergraut.

Umsonst versuchte ich, eine Frontalansicht zu erhaschen; er hatte den Kopf tief über sein Buch gebeugt, das ihn über die Maßen zu fesseln schien. Ich machte einen kühnen Vorstoß und schaute ihm

über die Schulter: Marilyn Monroe – ein Fotoband über Marilyn Monroe!
Ernüchtert hakte ich ihn ab. Ein Mann, der so fasziniert von Marilyns rundlicher Weiblichkeit war, konnte unmöglich der Richtige für mich sein. Er maß die Frauen offenbar in Wühleinheiten und würde sich kaum damit abfinden können, ständig auf meine markanten Hüftknochen aufzulaufen.
Ich wollte mich schon umdrehen und gehen, als er plötzlich den Bildband weglegte und mir unverhofft ins Gesicht sah. Er hatte den stechenden, engpupilligen Blick eines Adlers, ein hageres Gesicht mit stark gekrümmter Nase und vorspringendem Kinn. Einen ähnlichen Gesichtsausdruck hatte ich bisher nur bei den holzgeschnitzten Perchtenmasken gesehen, die mit ihrer Häßlichkeit den hartnäckigen Winter vertreiben sollen.
Daß er dieses Gesicht in weichen Rundungen bergen wollte, konnte ich verstehen!
Mit der leisen Beschwörung »Satan, weiche von mir!« katapultierte ich mich rückwärts außer Reichweite und stieß dabei mit einem anderen Mann zusammen, der vor Schreck zwei Bücher fallen ließ. Ich murmelte eine Entschuldigung und bückte mich, um sie aufzuheben.
Eifrig versuchte er, mir zuvorzukommen, was ihm aber nicht gelang, und riß mir dann aufgebracht die Bücher aus der Hand. Aber da hatte ich bereits die Titel gelesen: *Der Garten der Qualen* hieß das eine, *Lust am Schmerz* das andere. Die Titel hätten mich nicht weiter beunruhigt, wenn dieser Mann nicht einen so ausgeklinkten Blick gehabt hätte, daß ich

froh war, in einer hellerleuchteten, belebten Buchhandlung zu sein.
Obwohl ich mich allmählich schon fragte, ob ich mich wirklich in einer normalen Buchhandlung befand oder nicht doch in der Schreckenskammer von Madame Tussauds Wachsfigurenkabinett, wo sich ein Ebenbild des Höllenfürsten an erotischen Ikonen ergötzte und ein neuzeitlicher Marquis de Sade Anregungen für die nächste Folterparty sammelte.
Nachdem ich mich von meiner Verwirrung erholt hatte, beschloß ich, der Sache eine letzte Chance zu geben, und pirschte noch eine Weile auf und ab.
Wenige Minuten später trat ein recht attraktiver Mann ins Fadenkreuz meines imaginären Zielfernrohrs. Er trug einen Leinenanzug, edle italienische Lederschuhe, und mit seinen schwarzen Haaren und dem dunklen Teint konnte er gut für einen Südländer durchgehen. Außerdem machte er einen seriösen, ja geradezu distinguierten Eindruck.
Er stand in der ›Krimiecke‹ und hielt eine Sammelkassette von Agatha-Christie-Büchern in seinen gepflegten Händen. Ich beobachtete, wie er die Kassette von allen Seiten musterte und prüfend in den Händen wog, als wollte er sich überzeugen, daß die Relation zwischen Preis und Gewicht der Bücher stimmte. Offenbar war das nicht der Fall, denn er stellte die Kassette wieder zurück und ging weiter.
Ich folgte ihm in einiger Entfernung und legte mir schon mal ein paar urkomische Sätze zurecht, um ihn gleich mit meinem spontanen Humor zu verblüffen.

Er blieb bei den Kinderbüchern stehen. Ich zuckte zurück. Mit im Kunstlicht grell aufblitzendem Ehering griff er nach den Märchen der Gebrüder Grimm.
Das gab mir den Rest. Ich beschloß, die Aktion ›Angeln eines Bücherwurms‹ für heute abzubrechen.
Doch plötzlich überkam mich das dringende Bedürfnis, mich in der Psychoecke mit aufbauender Literatur einzudecken.
Die Bezeichnung ›Psychoecke‹ war allerdings leicht untertrieben. Die Regale der Abteilung quollen über von Büchern, die Rat und Hilfe für alle Lebenslagen versprachen. Ich wählte drei Titel aus dem üppigen Angebot für meine ganz persönliche Lebenslage: *Die Kunst, als Single alt zu werden*, *Gibt es ein Leben nach dem Beziehungstod?*, *Liebe und Schwangerschaft ab fünfzig – eine Utopie?*
Ich wollte gerade mit den Büchern zur Kasse gehen, als ich ein kaum hörbares »Hallo« hinter mir vernahm. Ich drehte mich um. Ein unscheinbarer, blasser Mann mit schütterem Haar hatte sich dieses gehauchte »Hallo« gewaltsam aus der Hühnerbrust gepreßt. Er lächelte mich unsicher an und starrte dann sofort wieder verlegen auf die zwei Bücher, die er ausgewählt hatte. Ich las: *Wie werde ich ein Gewinner* und *Schüchternheit ist heilbar.*
»Hallo«, gab ich zurück und versuchte, den mitleidigen Ton in meiner Stimme zu unterdrücken. »Sollen die Bücher gut sein?«
»Weiß ich nicht, mal sehn«, murmelte er und bekam feuerrote Ohren.

»Na dann viel Glück«, rutschte es mir heraus, obwohl ich eigentlich »Viel Spaß!« hatte sagen wollen.
An der Kasse stand der Bonsaimann dicht hinter mir und starrte gebannt auf meine drei Buchtitel. Ich fand, daß die Verkäuferin die Bücher unnötig oft hin- und herdrehte, obwohl der Preis eindeutig auf der Rückseite stand.
»Könnten Sie die Bücher bitte als Geschenk einpacken«, sagte ich mühsam beherrscht und wandte mich dann fahrig zu meinem neuen Bekannten um: »Die sind für eine Freundin, zum Geburtstag...«
»Alle drei?« entfuhr es ihm. Dann schoß ihm die Röte ins Gesicht, und er trat von einem Fuß auf den anderen.
Ich hätte schwören können, daß um den Mund der Verkäuferin ein spöttisches Lächeln zuckte. Aber vielleicht hatte sie sich auch nur an ihre letzte Liebesnacht erinnert und dabei zufrieden gelächelt? Verflixtes Biest, so oder so.

9

Zwei Kilo Schweineschulter

Am nächsten Tag beschloß Patricia, nun doch vorübergehend zu mir zu ziehen. Das mit der Zermürbungstaktik hatte sie anscheinend überzeugt.

Nach der Arbeit fuhren wir bei ihrer Wohnung vorbei, da sie dort noch »ein paar überlebenswichtige Utensilien« holen wollte. Bepackt wie ein Kamel für eine Beduinenkarawane kam sie schließlich zurück zum Auto. Unter ihrem Arm klemmte ein dicker Schmöker. »Falls es mir bei dir langweilig werden sollte«, kommentierte sie den Mammutschinken.

»Laß mal sehen, was liest du denn da?« Ich zog das Buch unter ihrem Arm hervor. *Scarlett.*

»Findest du nicht, daß Gisbert eine gewisse Ähnlichkeit mit Clark Gable hat?« fragte sie versonnen. Ein wäßriger Glanz trat in ihre Augen. »Ich weiß nicht, was es ist, aber irgendwie erinnert er mich an ihn. Ganz so sexy wie Clark als Rhett Butler in *Vom Winde verweht* ist er natürlich nicht, aber...«

»Tja also...« stotterte ich. »Da ist jedenfalls dieses Bärtchen. Eine verblüffende Ähnlichkeit, was den Bart betrifft, das stimmt schon...«

»Ja genau, jetzt, wo du's sagst: Das Bärtchen ist es!«

Ich atmete auf. Es war mir gerade noch gelungen, mich ohne große Heuchelei aus der Affäre zu ziehen.

Ich fragte mich, wie Patricia es bloß schaffte, sich an

diesem albernen Bärtchen festzukrallen und den Rest zu übersehen!

»Sag mal, was ist eigentlich zwischen dir und diesem Fotografen?« fragte Patricia gespielt beiläufig.
Wir hatten es uns an unserem ersten gemeinsamen Abend im Wohnzimmer gemütlich gemacht, tranken heißen Tee, aßen Kekse dazu und kauten mal wieder unser Lieblingsthema durch.
»Tom und ich? Da gibt's nichts zu erzählen. Er ist scharf auf mich, und ich will nichts von ihm. Alles klar?«
»Also Kim, ich weiß gar nicht, was du hast. Tom ist doch ein interessanter Mann. Außerdem ist er ehrgeizig in seinem Job – ich hab selbst schon öfter mit ihm gearbeitet, er ist wirklich ein Vollprofi.«
»Darum geht's doch gar nicht. Er ist schlicht und einfach nicht mein Typ, Punkt! Außerdem vernascht er die Models wie Fruchtbonbons...«
»Wie Fruchtbonbons? Ach so – Nimm zwei, oder was?« Sie kicherte wie ein Schulmädchen. »Nein, Kim, ich glaube, da tust du ihm unrecht. Er ist sicher kein Kostverächter – aber welcher Mann ist das schon.« Sie runzelte die Stirn und dachte offensichtlich an Wolfgang.
»Wie dem auch sei – mich kriegt er jedenfalls nicht rum wie diese kleinen Gänse. Außerdem finde ich sein Styling von A bis Z daneben. Und dieser ätzende Borstenkram erst, dieser rötliche Seehundbart!«

»Also ehrlich, in deinem Alter sollten dir solche Äußerlichkeiten nicht mehr so wichtig sein. Was zählt, ist doch der Mensch im Mann.«

»Den schätze ich ja auch in Tom, aber im Bett hätte ich lieber jemanden, der mich nicht so sehr an einen Seehund erinnert.«

»Schönheit liegt im Auge des Betrachters«, beharrte Patricia.

»Dann fehlt mir anscheinend die nötige Linsentrübung«, antwortete ich gereizt.

»Ich finde es schon bemerkenswert, wie du es schaffst, dich stur an Toms Schnauzbart festzukrallen und dabei den Rest zu übersehen...«

Beim Frühstück am nächsten Morgen, einem Samstag, versuchte ich Patricia zu motivieren, mich auf meinem Streifzug durch die Kunstausstellung zu begleiten.

»Ein ekelhaftes Wochenendwetter ist das wieder mal. Schlägt einem richtig aufs Gemüt. Hast du Lust, daß wir gemeinsam was unternehmen? Wir könnten ins Haus der Kunst gehen, da gibt's zur Zeit eine interessante Ausstellung moderner Malerei.«

Patricia grinste. »Nachtigall, ich hör dir trapsen... Deine Kunstbegeisterung ist aber brandneu. Mann o Mann!«

Ich lachte. »Naja, vielleicht ist ja auch bei den Modernen ein Adonis dabei, ich meine natürlich: unter den Besuchern. Aber die Ausstellung interessiert mich wirklich. Komm doch mit.«

»Danke, nein. Mein erstes und letztes Erlebnis mit moderner Kunst hatte ich vor drei Jahren in Nizza. Ich war mit Wolfgang dort in Urlaub, herrliche zwei Wochen...« Sie seufzte. »Und an einem regnerischen Tag sind wir dann im Museum für moderne Kunst gelandet.«

»Ja und?«

»In einem Saal mit verschrotteten Autos.«

»Verschrottete Autos?«

»Exakt. Kunstobjekt Nummer eins war ein schön handlich zu einem Block zusammengepreßtes Auto auf einem Podest. Ein anderes war noch in seiner ganzen verrosteten Pracht zu sehen, nur plattgequetscht wie eine Flunder. Es stand kopf auf der Kühlerhaube, und der Auspuff ragte wie ein Bürzel in die Höhe.«

»Vielleicht war der Museumsdirektor in Nizza einer von der sentimentalen Sorte. Es gibt ja Leute, die sich von ihrer alten Karre nicht trennen können. Und da fand er die perfekte Parkmöglichkeit...« spekulierte ich.

»Ach, hör mir bloß auf mit moderner Kunst«, wehrte Patricia lachend ab. »Ich ruh mich lieber aus und lese *Scarlett* weiter.«

Dagegen war jedes Argument machtlos.

An der Kasse im Haus der Kunst mußte ich Schlange stehen. Es war schon beachtlich, wie viele Kunstbegeisterte hierher geströmt waren, um ihre Freizeit sinnvoll totzuschlagen. Ein gut gemischtes

Publikum, stellte ich fest, bei dem alle Altersgruppen vertreten waren.
Direkt vor mir schob ein etwa einsneunzig großer, ziemlich ausgezehrter Späthippie lässig einen Fünfer durch den Kassenschlitz. Er trug ein ehemals weißes, langärmeliges Schlabbershirt mit gelben Schweißrändern und eine zerrissene Jeans mit weitem Schlag. Die braune Frotteeunterhose, die dem geneigten Betrachter dabei ins Auge sprang, war sicher farblich mit Bedacht gewählt worden. Ein ebenfalls braunes, speckiges Lederband zierte seine schulterlangen, verklebten Haarsträhnen.
Schaudernd wandte ich den Blick von dem wenig ästhetischen Individuum ab und kaufte eine Eintrittskarte.
Nachdem ich meine Tasche an der Garderobe abgegeben hatte, betrat ich erwartungsvoll den lichtdurchfluteten Ausstellungsraum. Ein Bild zog meine Augen sofort magisch an. Es zeigte zwei auffällige schwarze Quadrate auf weißem Grund.
Ich betrachtete das Bild eine Weile und fragte mich, welche Idee den Künstler wohl bewogen hatte, die Quadrate so und nicht anders auf dem Papier anzuordnen.
»Komposition mit dem Zufall, so ein Scheiß!« hörte ich hinter mir eine Männerstimme.
Ich drehte meinen Kopf und bekam einen kräftigen Schwall nikotingeschwängerter Atemluft ab.
Dicht hinter mir stand der Späthippie, popelte kopfschüttelnd in der Nase und wiederholte nochmal geringschätzig: »Komposition mit dem Zufall, so ein Scheiß.«

Ich ging eilig zur gegenüberliegenden Wand, nicht ohne eine gewisse Enttäuschung über den Titel des Quadratbildes zu verspüren. Komposition mit dem Zufall... Irgendwie desillusionierend, da hatte der Mann schon recht. Vor allem, wenn man sich Gedanken über den tieferen Sinn der Gestaltung gemacht hatte.

Ich schlenderte zu einem anderen Bild und las zur Orientierung diesmal zuerst den Titel. ›Ohne Titel‹, stand da. Ich war zutiefst betroffen und betrachtete das Bild mit besonderer Aufmerksamkeit: Der Künstler hatte mit Bleistift einen dünnen schwarzen Balken gezeichnet, der im Abstand von etwa zehn Zentimetern parallel zum linken Bildrand verlief. Ich starrte auf die zarte, aber suggestive Schwärze des Balkens und wurde überwältigt von der Erkenntnis, daß dem Künstler hier die Beschränkung auf die elementarsten Möglichkeiten der Gestaltung gelungen war.

Trotzdem hielt es mich nicht lange bei diesem ökonomisch konzipierten Bild; ich sehnte mich nach einem stärkeren optischen Erlebnis.

Die nächste Zeichnung schaffte es auch tatsächlich, mich aufzuwühlen: Neben der schwer definierbaren, aber ungeheuer kreativen Zeichnung stand ein Text, der mir einen Stich in die Magengegend versetzte: ›2 kg Schweineschulter, 4 Lauchzwie (ich nahm an, daß das Lauchzwiebeln heißen sollte), 1 l Bordeaux.‹ Ich hatte bei all der Hektik mit Patricias Einzug vergessen, was fürs Wochenende einzukaufen! Und der Kühlschrank war so gut wie leer! Jetzt war es zu spät.

Um mich zu beruhigen, ging ich zum nächsten Bild. Mit Bleistift und Kohle hatte der Künstler wilde Kreise, kühne Spiralen, energische Striche und verzweifelte Fahrer auf dem Papier hinterlassen. Welch extremer innerer Aufruhr hatte da wohl seine Entladung gefunden?
Nach intensiver Betrachtung dieses zeichnerischen Chaos war ich allerdings so ausgelaugt, daß ich beschloß, zur Entspannung ein wenig durch die Ausstellungsräume zu wandern und mich meinem anderen Interesse zu widmen: der Suche nach attraktiven männlichen Kunstliebhabern.
Ich begegnete alten Ehepaaren, die manchmal kopfschüttelnd vor den Bildern standen, intellektuellen Paaren, die in erregtem Flüsterton über die Arbeiten diskutierten, und frischverliebten Paaren, die die Köpfe zusammensteckten.
Und natürlich begegnete ich wieder dem Späthippie.
Er stand vor einer Zeichnung, auf der fünf Frauen abgebildet waren: Vier davon waren intensiv damit beschäftigt, an ihren Fingern zu riechen, die fünfte beschnüffelte sich unter der linken Achsel.
›Die Riecherinnen: 5 Möglichkeiten‹, las ich verblüfft.
Der Hippie grinste mich frech an, hob den Arm und lud mich durch eindeutige Gesten zum Beschnuppern seiner Achselgegend sein.
Angeekelt machte ich auf dem Absatz kehrt und lief davon. Dabei stolperte ich fast über ein Kunstobjekt, das im nächsten Ausstellungsraum aufgebaut war. Der Museumsangestellte sprang von seinem Beob-

achtungsstuhl auf, wild entschlossen, das Objekt vor mir zu schützen, verfing sich aber selbst um ein Haar darin.

»Passen Sie doch auf, um Himmels willen, das Ding ist sechzehntausend Mark wert!« schrie er aufgebracht.

»Das Ding« bestand aus acht Blecheimern, die mit Stromkabeln verbunden und mit schwarzer Blumenerde gefüllt waren. Darauf standen acht durchsichtige Einmachgläser, in denen sich mit Kupferdraht umwickelte Spulen befanden. Diese wiederum waren an die Stromkabel angeschlossen und schlugen von innen gegen die Gläser.

›Das süße Leben‹ war der sinnige Titel dieser unbezahlbaren Installation, die wegen meiner Ungeschicklichkeit beinahe im Eimer gewesen wäre.

»Echt geil, die Eimer!« murmelte eine Männerstimme neben meinem Ohr. Der widerliche Späthippie hatte sich schon wieder an meine Fersen geheftet.

»Jetzt reicht's mir aber«, fauchte ich ihn an und ließ ihn einfach stehen.

Mein Kunstbedarf war für diesen Tag gedeckt.

10

Keine Gerechtigkeit auf Erden

Resigniert und ermattet wie Napoleon nach Waterloo schlurfte ich die Treppe zu meiner Wohnung hinauf.

Ich kramte gerade nach dem Schlüssel, als plötzlich meine Tür aufging und ein schwarzgelockter Hüne herausgeschossen kam.

»Ciao bellissima!« sagte die Erscheinung, mit einer Reibeisenstimme, die Adriano Celentano zum Sängerknaben degradierte.

Träumte ich? Konnten Entzugserscheinungen so übermächtig werden, daß sich das Gehirn nicht mehr anders zu helfen wußte, als Wunschbilder lebensecht vorzugaukeln?

Zwei enorme Pranken landeten auf meinen Schultern und schoben mich behutsam, aber bestimmt zur Seite, während mir die Sonne Italiens aus zwei dunkelbraunen Augen entgegenstrahlte.

Ich brachte nur ein ersticktes Glucksen zustande wie eine schlechtgefüllte Wärmflasche und verfolgte mit offenem Mund, wie der südländische Koloß beschwingt die Treppe hinunterlief und mir zum Abschied einen Kuß durch die Luft nachschickte.

Dann sah ich Patricia. Eingehüllt in ihren schwarzen Morgenmantel – immer noch? schon wieder? – lehnte sie mondän im Türrahmen meiner Wohnung und hatte ganz deutlich den rosigen Hauch der Sünde im Gesicht.

Sie machte eine einladende Geste und meinte spöttisch: »Warum stehst du hier so rum, möchtest du nicht reinkommen?«
»Vielen Dank, sehr freundlich«, sagte ich gereizt und schob sie weg, wobei der schwarze Morgenmantel verrucht von ihrer Schulter glitt und weißes Fleisch entblößte.
»Na, was sagst du zu meinem römischen Gladiator?« gurrte sie einfältig. »Wohin zeigt dein kritischer Daumen, Kim? Nach oben oder nach unten?«
»Mein Daumen zeigt nirgendwohin, dafür zuckt es in meinem Zeigefinger – er würde zu gerne an meine Stirn tippen. Was soll das eigentlich? Kaum bin ich ein paar Stunden weg, benutzt du meine Wohnung für deine sexuellen Ausschweifungen! Wer war der Typ überhaupt? Wahrscheinlich ein Callboy...«
»So könnte man's nennen«, kicherte sie und fläzte sich wollüstig in einen Sessel.
Ich kochte vor Wut. Wo in aller Welt hatte sie diesen muskelbepackten Spaghettiritter bloß aufgetrieben?
»Ich spann dich nicht länger auf die Folter, Schätzchen«, säuselte sie. »Also, es war folgendermaßen: Du hattest nichts Eßbares im Kühlschrank, und mein armer kleiner Magen knurrte ganz fürchterlich. Da hat die schlaue Pat sich ein Telefonbuch geschnappt und den nächsten Pizzaservice angerufen!«
»Ein Mafiatortenbäcker, ach du dickes Ei!« rief ich giftig aus.
»Jetzt laß mich doch mal fertig erzählen«, sagte Patricia mit gönnerhafter Geduld. »Ich bestellte also

telefonisch eine Pizza, einen gemischten Salat und eine Flasche Chianti. Zwanzig Minuten später stand Paolo vor der Tür. Mich traf fast der Schlag.«

»Findest du nicht, daß er ein bißchen arg bullig ist?« warf ich ein.

»Ich liebe bullige Männer!« Patricia verdrehte die Augen wie eine Opiumsüchtige. »Und wie er sich erst anfühlt!«

»Ich werde dich für den nächsten Hausfrauenreport vorschlagen als typisches Exemplar der sexhungrigen Hausfrau, die wahllos Klempner, Postboten, kellnernde Analphabeten vernascht...«

»Moment mal, Paolo hilft nur aus – in der Pizzeria seines Onkels. Er ist Medizinstudent.«

»Aha. Und da hat der Pizzalieferant seinen Hausbesuch gleich mit einer gynäkologischen Untersuchung verbunden?«

»Sei nicht so zynisch, Kim. Gönn mir doch auch mal was. Wir haben nur die Flasche Chianti zusammen getrunken und ein bißchen rumgeknutscht. Er küßt phantastisch! Für morgen bin ich übrigens zum Abendessen mit ihm verabredet. – Aber jetzt erzähl du doch mal. Wie war's denn in deiner Kunstausstellung?«

Auch der Sonntag war verregnet. Wir schliefen lang aus und frühstückten erst gegen eins. »Du willst den Italo also wirklich treffen heut abend«, forschte ich am Frühstückstisch und kaute lustlos auf einem Stück Vollkornbrot herum.

»Darauf kannst du deine Strapse verwetten«, gab Patricia zurück.
»Was ist mit Wolfgang?« versuchte ich an ihr Gewissen als Noch-Ehefrau zu appellieren.
»Na hör mal, was ist denn plötzlich in dich gefahren! Du selber hast mich doch auf die Idee gebracht, daß ich ein bißchen Abwechslung brauche... ein bißchen Kerzenlicht, ein bißchen Chianti – ein bißchen amore...« Sie schloß genießerisch die Augen. Dann fuhr sie plötzlich auf: »Und außerdem hat er noch nicht mal den Ansatz von Reue gezeigt, der miese Kerl!«
»Vielleicht sitzt er ja zu Hause und telefoniert sich die Ohren wund nach dir«, wandte ich ein. »Es ist natürlich deine Sache, aber okay finde ich's nicht.«
Patricia tat, als hätte sie meine Worte gar nicht gehört. Und ich sagte nichts mehr, denn allmählich kam ich mir ziemlich schäbig vor in meinem Versuch, Patricia ihre neue Eroberung zu vermiesen, aus purem Neid.
Aber als einige Stunden später die Tür hinter Patricia ins Schloß fiel, hätte ich doch am liebsten laut aufgeheult wie ein Hund, der zu Hause bleiben muß, während Frauchen sich in der Stadt amüsieren geht. Da entschwand sie, zu ihrer Verabredung mit einem ›Latin Lover‹ par excellence, der ihr buchstäblich in den Schoß gefallen war.
Und wo? In meiner Wohnung! Das mußte man sich mal vorstellen!
Sie hatte sich ganz bequem einen Mann ins Haus telefoniert, während ich in irgendwelchen Ausstellungshallen herumgegeistert war, auf der verzweifelten Suche nach Liebe!

Es gab keine Gerechtigkeit auf Erden, das stand fest. ›Aktion Froschkönig‹ war ein Reinfall, eine Idiotie, ein Selbstmordkommando.
Von nun an würde ich einfach gottergeben warten, was das Schicksal für mich bereithielt.

Ich hatte mir gerade ein Zigarillo angezündet und die Seite mit den Leserbriefen verzweifelter Frauen aufgeschlagen, als es Sturm klingelte.
Ich nahm an, daß Patricia in ihrer freudigen Erregung etwas vergessen hatte, und ging zur Sprechanlage.
»Sehen Sie sofort in Ihren Briefkasten«, hörte ich eine gedämpfte Männerstimme.
Ein Erpresserbrief, schoß es mir im ersten Moment durch den Kopf. Dann fiel mir ein, daß es in meinem Leben rein gar nichts gab, weswegen man mich erpressen konnte.
Ich stürzte die Treppe hinunter zum Briefkasten.
Als ich ihn aufsperrte, fiel mir ein Foto entgegen.
Es zeigte Tom. Er stand mit einem Strick um den Hals auf einem Stuhl, in der linken Hand eine Pistole, die er sich an die Schläfe preßte, in der rechten eine Art Harakiridolch, dessen Spitze sich gefährlich in seinen Bauch bohrte. Im Vordergrund des Bildes war ein Tisch zu erkennen, auf dem neben einem Glas Wasser mehrere Tablettenröhrchen lagen.
Ich mußte so über Toms verzweifelten Gesichtsausdruck und die weit aufgerissenen Augen lachen,

daß mir die Tränen herunterliefen. Dieser Tom war schon ein absoluter Superirrer!
An die Rückseite des Fotos war ein Zettel geheftet: »Nur du allein kannst mich retten! Dinner for two um neun, call me, Tom.«
Die Tatsache, daß sowohl in meinem Magen als auch in meinem Kühlschrank gähnende Leere herrschte, gab den Ausschlag.
Ich rief Tom an, der vor Begeisterung die amerikanische Nationalhymne anstimmte, doch das Zauberwort »rein freundschaftlich« brachte ihn umgehend zum Verstummen.
Dann zog ich das nächstbeste Kleid an, das im Schlafzimmer auf einem Stuhl lag, trug ein wenig Lippenstift auf und betrachtete mich von allen Seiten in meinem Spiegelschrank.
Das Kleid gefiel mir nicht. Es machte schmale Schultern und breite Hüften, und ich sah aus, als wollte ich als ›Cheopspyramide auf Beinen‹ zu einem Kostümfest gehen. Außerdem ließ der anthrazitfarbene Stoff meinen Teint mitleiderregend blaß erscheinen.
Ich legte kräftig Rouge auf und zog ein anderes Kleid aus dem Schrank.
Nach einer halben Stunde stand ich halbnackt in einem kniehohen Berg von Kleidungsstücken und war so überschminkt, daß ich im Zirkus Sarrasani als Pausenclown hätte auftreten können.
Schimpfend lief ich ins Bad, wusch mir die Schminke vom Gesicht und trug ein dezentes Make-up auf.
»Jeans und Pulli«, murmelte ich. »Das tut's für Tom allemal!«

»Du bist eine der natürlichsten Frauen, die ich kenne«, meinte Tom, als wir uns bei flackerndem Kerzenlicht in einer griechischen Taverne gegenübersaßen. »In unserem Business sind mir alle zu überdreht – perfektes Styling als Lebensinhalt, einfach erbärmlich!«

Ich sah ärgerlich an mir herunter und dann auf Toms Holzfällerhemd, dessen Ärmel bis zu den Ellenbogen hochgekrempelt waren.

»Für gewöhnlich passe ich mich meinem Gegenüber an«, bemerkte ich gestelzt und sah sofort wieder angestrengt in meine Speisekarte.

Tom grinste, nahm mir die Speisekarte aus der Hand und hob leicht mein Kinn an, daß ich ihm ins Gesicht sehen mußte.

»Das sollte ein Kompliment sein«, sagte er.

»Ja klar, meins auch«, stotterte ich irritiert.

Wir brachen beide in Gelächter aus, und Tom gab dem Kellner ein Zeichen.

»Du hast doch nichts dagegen, wenn ich für dich mitbestelle?« sagte er und plazierte vertraulich seine rechte Hand auf meinen linken Unterarm. Dann legte er in fließendem Griechisch los, so daß ich völlig vergaß, meinen Arm in Sicherheit zu bringen.

»Wo hast du denn so gut Griechisch gelernt?« fragte ich ihn, als der Kellner weg war.

»Ich interessiere mich eben für Fremdsprachen«, erwiderte er bescheiden. Dabei nahm er seine Nickelbrille ab und rieb sich verlegen die Nasenwurzel.

»Nein, nicht gleich wieder aufsetzen! Wie kannst du nur deine Augen hinter dieser gräßlichen Brille verstecken!« rutschte es mir heraus.

Ich sah, wie ihm das Blut in den Kopf schoß. Langsam stand er auf und nahm die Brille vom Tisch. Jetzt geht er einfach, dachte ich aufgeregt. Doch plötzlich öffnete sich seine Hand, die Brille fiel klirrend auf den Boden, und er tanzte im Takt der Hintergrundmusik ein paar Sirtakischritte auf ihr. Mit einem letzten Fußkick schleuderte er sie dann gekonnt unter einen Nebentisch, deutete eine Verbeugung an und gab mir einen Handkuß, wobei sich sein Schnauzbart wie eine Kleiderbürste auf meinem Handrücken anfühlte.
»Ich konnte das Ding schon lang nicht mehr leiden«, sagte er grinsend. »Dumm ist bloß, daß ich ohne sie nichts sehe. Sei also bitte so nett und fahr mich später nach Hause. Morgen besorg ich mir Kontaktlinsen!«

»Danke für den schönen Abend«, sagte ich, als ich Tom vor seiner Wohnung absetzte.
»Vielen Dank für die Lebensrettung und den heißen Stylingtip!« erwiderte er und schlug von außen die Autotür zu.
Wirklich schade, daß er nicht mein Typ ist, dachte ich, als ich ihn im Rückspiegel winken sah.

11

Auch Männer sind arme Schweine

In der folgenden Woche überschlugen sich die Ereignisse. Das Tête-à-tête mit Paolo hatte bei Patricia sämtliche Sicherungen durchknallen lassen. Am Montagmorgen teilte sie mir mit verklärtem Gesichtsausdruck mit, daß sie abends bei mir ein paar ihrer Sachen abholen und damit in Paolos Mansarde über der Pizzeria einziehen wolle.

»Momentan ist mein Fleisch eben willig und mein Geist schwach«, räumte sie ein. »Aber einmal in meinem Leben möchte ich nur nach meinem Gefühl gehen, endlich mal eine Dummheit machen. Bei Wolfgang habe ich hauptsächlich auf meinen Verstand gehört, und jetzt sieh dir an, was dabei rausgekommen ist...«

Was konnte ich darauf schon antworten?

Am Dienstagabend, als ich zufällig aus meinem Wohnzimmerfenster auf die Straße sah, bemerkte ich Wolfgang zum ersten Mal.

Zuerst fiel mir nur sein verbeultes Auto auf, mit dem er Patricia ein paarmal von der Redaktion abgeholt hatte. Es parkte auf der gegenüberliegenden Straßenseite, und ich konnte deutlich erkennen, wie Wolfgang eingesunken auf dem Fahrersitz saß und meine Wohnung beobachtete.

Schau an! dachte ich. Jetzt hast du also doch rausgekriegt, wohin dein Eheweib abgetaucht ist. Leider zu spät, Herr Studienrat.

Bis lange nach elf Uhr zeugte ein gelegentliches Aufflammen seines Feuerzeugs und das Erglimmen der Zigarette von seinem bemerkenswerten Sitzfleisch.

Die besonderen Highlights der Woche lieferten jedoch Tom und Jens, die mich abwechselnd in der Redaktion mit Anrufen bombardierten, was ein heftiges Getuschel und wilde Spekulationen auslöste.

Tom bemühte sich mit mancherlei Tricks um die Gunst eines weiteren Abendessens, während Jens sich in den Kopf gesetzt hatte, mich am kommenden Wochenende in München zu besuchen.

»Ist etwa der sexuelle Notstand bei dir ausgebrochen, Jensilein?« zog ich ihn auf.

»Red keinen Blödsinn, ich muß endlich mal wieder mit jemandem sprechen, der mich versteht«, antwortete er gereizt.

»Das kannst du doch auch am Telefon«, wehrte ich ab.

»Das ist nicht das gleiche«, erwiderte er trotzig.

»Brauchst du vielleicht Geld?« forschte ich argwöhnisch.

»So ein Quatsch!« zischte er beleidigt. »Als ob ich dich je um Geld angepumpt hätte!«

Ich lachte bitter. Mit den Summen, die Jens mir im Lauf unserer Beziehung abgeluchst hatte, hätte ich bis an mein Lebensende Solidarbeiträge für die neuen Bundesländer leisten können.

Mit einigem diplomatischen Geschick gelang es mir schließlich, meine beiden hartnäckigen Verehrer bis auf weiteres abzuwimmeln.

Am Donnerstag nahm ich dann mit Wolfgang Kon-

takt auf. Anfangs hatte ich mir vorgenommen, ihn bis zur Jahrtausendwende in seinem Auto schmoren zu lassen, schließlich hatte er es verdient! Doch als ich am Donnerstagabend von der Arbeit nach Hause kam, fing er an, mir leid zu tun.
Mit hochgeschlagenem Mantelkragen und Fernglas wie ein CIA-Agent hockte er schon wieder in seiner alten Rostlaube auf Beobachtungsposten. Immer, wenn er das Fernglas absetzte, ließ er den Kopf nach vorn sinken und wirkte dabei wie ein verlassenes Häufchen Elend.
Ich ging auf sein Auto zu und klopfte an die Fensterscheibe. Wolfgang fuhr vor Schreck herum, ließ einen unkontrollierten Schrei los und starrte mich mit angstgeweiteten Augen an.

Mit einem schweren Seufzer ließ sich Wolfgang in einen Sessel fallen. Ich hatte ihn hinaufgebeten, weil er mit mir über Patricia sprechen wollte.
»Könnte ich bitte ein Glas Wasser haben?« fragte er kleinlaut.
Als ich mit dem Mineralwasser zurückkam, saß er in sich zusammengesunken da und starrte geistesabwesend auf seine weißbestrumpften Füße in den braunen Birkenstocksandalen. Wie ein Yogi in Trance wippte er leicht mit dem Oberkörper vor und zurück und bewegte im Rhythmus dazu seine Zehen auf und ab, wobei mir auffiel, daß sein dominanter großer Zeh ein atmungsaktives Luftloch in die rechte Socke gebohrt hatte.

Die Sandalen, der struppige blonde Vollbart und die altmodische Hornbrille bildeten einen eigentümlichen Kontrast zu seinem Designerpullover und der Markenjeans, die eindeutig auf Patricias Konto gingen.

Er wirkt wie ein auf Dressman getrimmter Heilpraktiker, dachte ich, als ich ihm das Glas reichte.

»Wo ist sie?« sagte er leise und nahm einen Schluck Wasser.

»Du, ich weiß nicht genau... bis Montagabend war sie jedenfalls hier bei mir.«

»Hat sie dir alles erzählt von unserer, äh, Ehekrise?«

»Ich weiß im Grunde nur, daß du dich in eine deiner Schülerinnen...«

Wolfgang winkte ungeduldig ab. »Ich bin Pädagoge und kein pädophiler Jungfrauenschreck! Ich würde mich niemals an einer Schülerin vergreifen, auch wenn sie fast volljährig ist!«

»Ich versteh nicht...« sagte ich verwirrt.

»Das Ganze war ein Bluff! Ich wollte, daß Patricia aus ihrem Dornröschenschlaf aufwacht. Sie kennt doch nur noch ihren vermaledeiten Job. Im Bett läuft schon lang nichts mehr zwischen uns. Immer die alte Leier – nicht jetzt, Schatz, ich hab morgen einen anstrengenden Tag, blablabla...«

»Dann hast du sie also gar nicht betrogen!« Ich ließ mich auf meine Couch plumpsen. »Aber du bist doch sogar ausgezogen, in ein Hotel, oder etwa nicht?«

»Weil ich hoffte, daß sie um mich kämpft. Ich wollte sie damit unter Druck setzen. Gebracht hat das gar nichts – ich hab sie nur noch weiter von mir wegge-

trieben. Was soll ich jetzt nur tun?« Er vergrub das Gesicht in seinen Händen.
»Du hättest doch von Anfang an ganz normal mit ihr reden können. Also ich versteh euch beide nicht...«
»Ich hab's ja versucht«, jammerte er. »Sie hat gar nicht gesehen, wo da ein Problem sein soll!«
»Dafür ist die Situation jetzt ziemlich verfahren«, sagte ich düster.
»Sie hat einen anderen, stimmt's? Du kannst es mir ruhig sagen, ich hab mir schon sowas gedacht.«
Widerwillig erzählte ich ihm von Paolo.
»Ich bring ihn um«, sagte er lahm und ballte die Hände zu Fäusten. »Ich mache Scheibchenmortadella aus diesem nichtsnutzigen Papagallo!« Seine Stimme kippte um, und er ließ resigniert die Fäuste sinken.
»Ich werde mit Patricia reden«, versprach ich ihm. »Sie wird schon zur Vernunft kommen, verlaß dich drauf.«

Ich hatte einen kompletten Vortrag für Patricia parat, als ich am nächsten Tag in die Redaktion ging. Doch der Vormittag verstrich, und von Patricia keine Spur.
»Patricia hat doch keine Produktion außer Haus heute?« fragte ich meine Kollegin Verena.
»Nicht daß ich wüßte«, war die knappe Antwort.
Ein paar Minuten später kam Chefredakteur Morgenrot ins Zimmer gestürmt. Er war wie immer total

im Streß, hatte einen hochroten Kopf und wirkte völlig aufgelöst.

»Frau Hirsch hat sich für heute krankgemeldet. Ich möchte eine der Damen bitten, ihren Terminkalender durchzusehen und gegebenenfalls wichtige Termine an ihrer Stelle wahrzunehmen. Frau Bergen, machen Sie das doch. Soweit ich weiß, sind Sie ja auch privat mit Frau Hirsch befreundet.«

Mit zerrauftem Haupthaar und einem langen Faden, der vom Saum seines Jacketts herunterhing, startete er wieder durch zu neuen Taten.

Ich schüttelte ungläubig den Kopf.

Krankmachen paßte zu Patricia genausowenig wie Knochenarbeit zu einem Beamten.

Ich war ziemlich am Rotieren, um auch Patricias Sachen einigermaßen auf die Reihe zu bringen, als ich einen Anruf von Tom bekam.

»Störe ich gerade?« wollte er wissen.

»Ja, verdammt nochmal! Sorry, aber heute wächst mir alles über den Kopf. Was gibt's denn?«

»Du, es ist mir ja wirklich peinlich, aber ich brauche dringend deine Hilfe. Ich kenne sonst niemanden, den ich fragen könnte, und außerdem...«

»Komm endlich zum Punkt. Ich hab nicht den Nerv, mir lange Stories anzuhören heute.«

»Also, ein guter Freund von mir hat mir einen wahnsinnig lukrativen Auftrag angeboten. Dafür müßte ich allerdings heute abend nach Berlin fliegen und bis Sonntag bleiben.«

»Und was hab ich damit zu tun?«
»Ich kann Fluffy nicht mitnehmen. Erstens ist er noch nie geflogen, der Arme, und zweitens würde er mich bei der Arbeit stören. Der Nachbar, der ihn sonst immer betreut, ist verreist, und...«
»Moment mal, hab ich richtig gehört? Du willst mir deinen undichten, mit Vorliebe auf helle Teppichböden pinkelnden Köter aufhalsen? Bis Sonntag?!«
»Vergiß es!« sagte Tom niedergeschlagen und wollte auflegen.
»Halt, Sekunde, laß mich doch mal in Ruhe nachdenken! Du hast also wirklich niemand anderen, der ihn nehmen könnte?«
»O Kim, wow, du bist phantastisch! Ich werde Fluffy psychisch vorbereiten, sein Futter mitbringen und dir noch ein paar Tips und Hinweise aufschreiben. Wann darf ich ihn vorbeibringen?«
»Wann fliegst du denn?«
Ich hörte, wie Tom mit Papieren raschelte.
»Laß mal sehen – aha, ja, die Maschine um zwanzig Uhr dreißig müßte ich eigentlich schaffen. So gegen sechs könnte ich dann bei dir vorbeikommen. Bist du zu Hause um sechs oder noch in der Redaktion?«
»In der Redaktion«, meinte ich.
»Alles klar, bis dann.«
»Wie wär's, wenn du deinen Hund mit Windeln fürs Wochenende ausrüstest?«
»Bisher gibt's leider nur *Boy*- und *Girl*-Windeln. *Dog*-Windeln müssen erst noch erfunden werden.«

12

Soll ich deines Hundes Hüter sein?

Punkt sechs Uhr tauchte Tom auf.
Er klopfte von draußen an die Fensterscheibe des Redaktionsbüros und gab mir Zeichen, ich solle zu ihm hinauskommen. »Hier sind wir also!« lachte er und klopfte Fluffy auf den Rücken.
Fluffy hob den Kopf und blinzelte mich durch die Fransen seiner Wuschelmähne skeptisch an.
»Am Eingang steht, daß keine Hunde zu euch in die Redaktion reindürfen. Was machen wir denn jetzt, ich muß nämlich gleich los!«
Ohne eine Antwort abzuwarten, drückte er mir eine schwere Reisetasche in die Hand.
»Da ist Fluffys Futter drin, seine Freßnäpfe, eine Schlafdecke und eine Liste mit Kniffen, wie man mit dem kleinen Scheißer fertig wird. Aber er ist im Grunde ein ganz Braver, ja, ein ganz Braver...«
Liebevoll zerzauste er ihm das Fell, und Fluffy wedelte freudig mit dem Schwanz.
»Hör mal, Tom, ich wollte eigentlich noch bis acht arbeiten. Mit reinnehmen kann ich Fluffy nicht – was soll ich also deiner Meinung nach tun?«
»Tja, schwierige Frage. In meinem Auto würde er sicher längere Zeit warten, aber ob er in einem fremden Auto... Nein, würd ich dir nicht empfehlen!«
»Na toll!« sagte ich ärgerlich. »Das heißt, der Arbeitstag ist für heute beendet.«

»Wenn's dir zuviel Umstände macht, Kim, dann...«
»Jetzt gib die Leine schon her und zisch ab zum Flughafen, du Starfotograf!«
Brav trottete Fluffy an der Leine neben mir her zum Auto. Ich sperrte die Beifahrertür auf, warf die Reisetasche auf den Rücksitz und deutete durch Klopfen auf die Sitzpolster an, Fluffy solle ins Auto springen.
Er legte den Kopf schräg, als wolle er mein Auto genau inspizieren, bevor er ihm sein Leben anvertraute.
»Komm Fluffy, spring ins Auto, sei ein lieber Hund«, lockte ich.
Fluffy legte sich flach auf den Asphalt und vergrub die Schnauze zwischen den Vorderpfoten.
»Gutes Auto!« versuchte ich ihn zu überzeugen und überlegte, ob der Hund erkannte, daß er einen schrottreifen Nissan vor sich hatte.
Wütend kletterte ich selbst in den Wagen und zog von innen an der Leine, doch Fluffy blieb stur auf der Straße liegen.
»Du Scheißsnob von einem Hund!« schrie ich aufgebracht. »Wenn der TÜV den Wagen für okay hält, ist er wohl gut genug für dich!«
Plötzlich wedelte Fluffy mit dem Schwanz und sprang ins Auto. Ich schluckte. Verstand der Hund mich aufs Wort?
Ich zerrte die Reisetasche vom Rücksitz und suchte darin nach Toms Hinweisliste.
»Beim Kosenamen Scheißer freut sich Fluffy und macht fast alles, was du willst‹, stand da als dritter Punkt.

»Du dummer kleiner Scheißsnob von einem Hund«, sagte ich zu Fluffy.

Er winselte vor Freude und wedelte enthusiastisch mit dem Schwanz.

In meiner Wohnung legte sich Fluffy auf den Flur und blickte unentwegt zur Tür.

Ich ging in die Küche und packte die Reisetasche aus: mehrere Packungen Trockenfutter, ein paar Dosen ›Pal‹, eine Wolldecke voller Hundehaare und ein zernagter Spielknochen.

Ich brachte Fluffy Decke und Knochen, doch er nahm keine Notiz davon. Dann rannte ich zurück in die Küche und las die Hinweise bezüglich ›Fressen‹.

›Fluffy haßt schmutzige Freßnäpfe. Bitte nach jedem Fressen den Napf gründlich unter fließendem Wasser reinigen! Roter Napf ist für Fressen, blauer Napf für Wasser.‹

»Ich wußte es doch«, sagte ich, während ich eine Packung Trockenfutter aufriß. »Er ist ein verdammter Snob von einem Hund!«

Fluffy rührte sein Essen nicht an. Er hypnotisierte weiter die Wohnungstür und horchte bei jedem Geräusch von draußen auf.

»So friß doch endlich, kleiner Scheißer«, schmeichelte ich.

Er wedelte müde mit dem Schwanz, gab einen traurigen Winsellaut von sich und schnaufte schwer.

Ich ging ins Wohnzimmer, schaltete den Fernseher ein und versuchte mich auf die Nachrichten zu konzentrieren. Nach zehn Minuten sprang ich auf und sah nach, ob er inzwischen etwas gefressen hatte.

Kein einziger Krümel fehlte in dem Napf. Voller Verzweiflung ließ ich mich auf alle viere vor dem Freßnapf nieder und tat so, als würde ich mit großem Appetit das Trockenfutter fressen.
Fluffy zuckte nervös und knurrte gefährlich. Dabei erschrak ich dermaßen, daß ich den Freßnapf umstieß.
»Wenn du partout eine Diät machen willst, bitteschön!«
Wütend klaubte ich das Hundefutter wieder vom Boden auf. Dann setzte ich mich vor den Fernseher und vergaß Fluffy für ein paar Stunden.

Mitten in der Nacht schreckte mich ein durchdringendes Sirenengeheul aus dem Schlaf.
Feueralarm, dachte ich und tastete nach dem Lichtschalter.
Es dauerte eine Weile, ehe ich begriff, daß sich die Heulboje mitten in meiner Wohnung befand.
Ich hechtete auf den Flur.
Wie ein Wolf, der aus Leibeskräften den Vollmond anheult, jaulte Fluffy in einem Mezzosopran, der die Wände vibrieren ließ.
»Bist du ruhig, du blöder Köter!« herrschte ich ihn an.
Er legte noch ein paar Phon zu und variierte die Stimmlage.
Ich streichelte ihn, umarmte ihn, flüsterte ihm ins Ohr, daß sein Herrchen ja bald wiederkäme.
Unbeirrt jaulte Fluffy weiter. Verzweifelt versuchte

ich, ihm das Maul zuzuhalten, worauf Fluffy sein Geheul kurz unterbrach, um nach mir zu schnappen. Dann legte er wieder los. Ein schwerer Gegenstand donnerte auf den Fußboden der darüberliegenden Wohnung, daß bei mir fast der Putz von der Decke rieselte.

Ich bettelte, fluchte, redete auf Fluffy ein.

»Ruhe da unten!« schrie jemand im Treppenhaus. »Oder ich hole die Polizei!«

Ich hielt mir die Ohren zu und war nahe daran, mit Fluffy um die Wette zu heulen.

Nach einer weiteren halben Stunde, in der ich mehrmals durchs Fegefeuer ging, klopfte es vehement an meine Wohnungstür.

Völlig aufgelöst öffnete ich und sah mich zwei jungen Polizeibeamten gegenüber.

»Guten Abend, Frau Bergen«, meinte der eine. »Man hat sich über die massive Ruhestörung beklagt, die aus Ihrer Wohnung kommt!«

»Ja, hier, der Hund«, japste ich. »Er gehört mir nicht, und ich kann ihn nicht abstellen!«

Der andere Polizist, ein dunkelhaariger junger Mann, warf einen Blick auf Fluffy. »Darf ich mal?« sagte er und schob mich zur Seite.

Er ging auf Fluffy zu, beugte sich zu ihm hinunter, streichelte ihn und flüsterte ihm etwas ins Ohr.

Wie durch ein Wunder verstummte das Tier, wedelte mit dem Schwanz und leckte dem Polizisten mit seiner großen Zunge quer übers Gesicht.

»Ich hab ihm versprochen, daß ich ihn mit meiner Hündin Saskia bekannt mache, wenn er jetzt ruhig ist!« sagte der junge Mann lachend. »Nein, Spaß beiseite – ich weiß, wie man die kleinen Racker anpacken muß!«

»Hoffentlich bleibt er jetzt ruhig«, sagte ich mit zittriger Stimme.

Der Polizeibeamte lächelte mich an, und mir fiel auf, daß er ziemlich gut aussah und keinen Ehering trug.

»Wenn Sie nochmal Probleme mit...?«

»Fluffy!«

»...mit Fluffy haben – hier ist meine Telefonnummer. Vielleicht kann ich Ihnen ja mal wieder behilflich sein!«

Er drückte mir eine Karte in die Hand, lächelte mich vielsagend an und verließ dann mit seinem Kollegen die Wohnung.

Die Polizei, dein Freund und Helfer! dachte ich vergnügt. Fluffy war zwar eine schreckliche Nervensäge, aber er hatte mir soeben zu der Bekanntschaft mit einem attraktiven Mann verholfen.

»Gut gemacht!« sagte ich zu dem verwirrt dreinblikkenden Hund und tätschelte lobend seinen Kopf.

13

Ein Traum von einem Mann

Am nächsten Morgen wurde ich von Fluffys feuchter Hundeschnauze geweckt. Er stupste mich so lange, bis ich gähnend auf den Wecker blinzelte. Acht Uhr! Eine unmenschliche Zeit zum Aufstehen an einem Samstag. Doch Fluffy hatte mir seine Leine ans Bett gebracht und damit unmißverständlich signalisiert, daß er Gassi geführt werden wollte. Ich zog mir also schnell meinen Jogginganzug über und ging mit ihm nach unten.

»Ein schöner Hund ist das! Bobtails sind meine Lieblingsrasse. Wie heißt er denn?«

Ein Passant war stehengeblieben und betrachtete Fluffy wohlwollend, der gerade einen Baumstamm auf seine Eignung als Hundeklo beschnupperte. Der Mann war etwa vierzig, sportlich gekleidet und kein uninteressanter Typ.

»Er heißt Fluffy!« antwortete ich strahlend.

»Ein ungewöhnlicher Name«, meinte der Mann.

»Er ist ja auch ein ungewöhnlicher Hund«, erwiderte ich.

Unsere Augen trafen sich, und sein tiefer Blick signalisierte, daß er sich keineswegs nur für Fluffy interessierte.

»Na dann, ich will Sie nicht weiter stören. Schönen Tag noch!« brummelte er auf einmal verlegen und ging seiner Wege.

Dieser Hund ist ja ein wahres Gottesgeschenk!

dachte ich aufgeregt. Wer auf Männerjagd gehen wollte, tat das am besten mit einem auffälligen Jagdhund.
Und auf einmal wußte ich ganz genau, wo ich mit Fluffy diesen sonnigen Maitag verbringen würde.

Als wir nach dem Mittagessen – auch Fluffy hatte geruht, eine Kleinigkeit zu sich zu nehmen – den Englischen Garten erreichten, hatte die Sonne das Barometer auf achtundzwanzig Grad klettern lassen und unzählige Menschen in den Park gelockt: Frauen schoben ihre Kinderwagen über schattige Wege, ganze Rudel von Radfahrern fuhren klingelnd vorbei, und sämtliche Hundebesitzer der Stadt schienen ihre Lieblinge spazierenzuführen.
Fluffy war vollkommen aus dem Häuschen und schnüffelte an allen Ecken und Enden nach den Markierungen seiner Kollegen, um unverzüglich seine eigene Duftnote obenauf zu setzen. Dabei zerrte er so stark an seiner Leine, daß ich ihm kaum folgen konnte.
Er schleifte mich energisch zu einer Parkbank, an deren äußerem Rand eine ältere Dame saß, die in der wohligen Wärme der Maisonne eingenickt war. Das dunkelgrüne Filzhütchen war ihr tief in die Stirn gerutscht, die Hände ruhten friedlich im Schoß, und sie gab aus ihrem Mundwinkel ein pfeifendes Murmeltiergeräusch von sich.
Fluffy beschnüffelte die Bank ausgiebig von allen Seiten und kam zu dem Schluß, daß eine Reviermar-

kierung direkt neben der alten Dame anzubringen war.
Als ich durch seine eindeutige Körperhaltung merkte, was er vorhatte, versuchte ich ihn durch einen kräftigen Ruck an der Leine wegzuziehen. Mit seinem Gleichgewicht verlor Fluffy auch die Kontrolle über die Richtung seines Markierungsstrahls, und statt des Bankpfostens bekamen die zwei braunbestrumpften Beine der alten Dame die komplette Ladung ab. Hektisch zog ich Fluffy vom Tatort weg, und erst in sicherer Entfernung drehte ich mich nochmal um.
Was ich sah, trieb mir die Schamröte ins Gesicht: Die alte Dame war aufgewacht, betastete verstört ihre feuchten Strümpfe und blickte hilfesuchend nach allen Seiten.
Mit scheinheiligen Unschuldsmienen spazierten Fluffy und ich weiter durch den Englischen Garten.
Ein rotbrauner irischer Setter überholte uns, sprang dann stürmisch auf Fluffy zu, und ein ausführliches Beschnüffelungsritual begann.
Suchend drehte ich mich nach dem Besitzer des Tieres um und sah mit der Leine in der Hand einen Mann auf uns zukommen, der ein Zwillingsbruder von Mel Gibson hätte sein können. Mel Gibson, dieser Teufelskerl von Schauspieler, der es geschafft hatte, mich in normalerweise verhaßte Actionfilme zu locken. Seine knieerweichende Ausstrahlung verwandelte jedes noch so miese Drehbuch in eine atemberaubende Story.
Meine modegeschulten Augen glitten ungläubig über den erotischsten aller Hundehalter, dessen

Freizeitkleidung trotz saloper Sportlichkeit einen erlesenen Geschmack verriet.
»Nina hat sich wohl in Ihren Hund verliebt!« sagte er lächelnd zu mir.
»Sieht ganz so aus!« erwiderte ich, und eine Sonderausschüttung diverser Glückshormone verteilte sich in meinem Organismus.
»Wie heißt Ihr Hund denn?« fragte er.
»Fluffy! Er ist eigentlich nicht mein Hund, er gehört einem Kollegen, äh, Bekannten...«
»Bei Ihnen ist er ja in den besten Händen, wie ich sehe. Tja, Hund müßte man sein!«
In der Ahnung, daß sich meine Gesichtsfarbe nicht mehr wesentlich von einer überreifen Fleischtomate unterschied, starrte ich verlegen auf die beiden Hunde.
»Wenn die zwei sich schon so gut verstehen, könnten wir doch ein Stück zusammen laufen«, meinte er.
Ein Gesang himmlischer Chöre setzte in meinem Kopf ein und lullte mich in einen watteweichen Schwebezustand. »Sie finden das jetzt vielleicht albern, aber wissen Sie, wem Sie verteufelt ähnlich sehen?« plapperte ich, ohne nachzudenken, und schämte mich eine Sekunde später für meinen akuten Rückfall auf die Entwicklungsstufe eines Teenies.
»Sagen Sie jetzt bloß nicht Mel Gibson!« erwiderte er wie aus der Pistole geschossen. »Ich werde ständig darauf angesprochen, obwohl ich selbst keine große Ähnlichkeit sehe. Außerdem habe ich als braver Architekt überhaupt nichts mit einem Actionhelden gemeinsam!«

Wir gingen ein paar Schritte weiter.
»Wollen Sie Ihren Hund nicht von der Leine lassen?« schlug er vor. »Dann könnten Nina und er ein bißchen herumlaufen. Und wir beide könnten uns in Ruhe unterhalten!«
Wenn er mir in dieser Phase den Vorschlag gemacht hätte, gemeinsam in die Schluchten des Grand Canyon zu stürzen, wäre mir sicher auch kein Gegenargument eingefallen. Also schenkte ich dem aufbauendsten Architekten Münchens ein gewinnendes Mona-Lisa-Lächeln und machte Fluffy von der Leine los.
Der Hund stutzte für einen Moment, sah mich kurz an, und dann gab's kein Halten mehr. Er raste ab durch die Mitte, quer über eine Rasenfläche, auf der sich eine ganze Anzahl bräunungswütiger Nudisten in der Sonne aalte.
»Fluffy! Komm sofort zurück!« brüllte ich aus Leibeskräften.
Doch der Hund hörte und sah nichts mehr.
Er rempelte die am Boden liegenden Leute an, fegte über das sonnenverbrannte Hinterteil einer kreischenden Frau und stupste die beträchtliche Oberweite einer anderen Dame einmal kurz mit der Schnauze an, wohl um zu testen, ob es sich hier vielleicht um extragroße Spielbällchen handelte.
Dann lief er unruhig zwischen einigen Männern auf und ab und entschied sich schließlich für einen, der splitternackt auf seinem Handtuch im Gras lag. Mit heraushängender Zunge rannte er auf ihn zu und versuchte, nach dem besten Stück des Herrn zu schnappen, das sich ihm wie auf dem Präsentier-

teller darbot: Fluffy hatte sich unter all den Grillwürstchen das größte und schönste ausgesucht!
Der Mann schrie laut auf und versuchte, seine Pretiosen mit den Händen zu schützen, doch Fluffy ließ nicht locker. Gierig drückte er seine Schnauze an den Händen des Mannes platt und bellte vor Entdeckerlust.
Der Mann bekam es sichtlich mit der Angst zu tun, sprang auf und lief davon.
Fluffy, außer sich vor Freude, daß einer mit ihm Fangen spielte, raste wie ein Pfeil hinter ihm her, bis der um Hilfe Schreiende keinen anderen Ausweg sah, als sich in die kalten Fluten des Eisbachs zu stürzen.
Fluffy blieb am Ufer stehen, bellte noch ein paar Mal triumphierend und rannte dann mit riesigen Sprüngen davon.
Eine halbe Stunde später warf ich mich keuchend auf eine Parkbank.
»Du hast gewonnen, ich geb auf!« schnaufte ich und streckte alle viere von mir.
Fluffy, das verfluchte Vieh, hatte mich quer durch den Englischen Garten gehetzt und war dann auf Nimmerwiedersehen hinter einer Baumgruppe am Horizont verschwunden.
Eine ganze Weile verharrte ich hingestreckt auf der Bank, bis sich meine Atmung wieder einigermaßen normalisiert hatte. Mit zuckenden Waden eierte ich dann in die Richtung, wo ich meinen schönen Architekten hatte zurücklassen müssen. Bestimmt würde er mich tröstend in seine Arme nehmen, wenn ich ihm vom Verlust Fluffys berichtete.

Aber als ich endlich zu der Stelle kam, wo Mel Gibson und ich noch eine halbe Stunde vorher so traut Seite an Seite gegangen waren, war weit und breit nichts mehr von ihm zu sehen.
Männer! Wütend stampfte ich mit dem Fuß auf. Verdammt, jetzt war nicht nur der Hund futsch, sondern auch noch der Mann! Sekundenlang war ich drauf und dran, mich heulend auf den Rasen zu werfen, aber dann beruhigte ich mich zähneknirschend mit dem Gedanken, daß mich Gott vielleicht nur noch ein wenig prüfen wollte, bevor er mir den Mann meines Lebens über den Weg schickte.
Außerdem war das Problem Fluffy im Augenblick drängender.

Die folgenden Stunden waren die Hölle.
Ich streifte mit Lockrufen durch den Park, fragte jeden Spaziergänger nach Fluffy und durchkämmte auch die umliegenden Straßen. Umsonst. Der Hund schien vom Erdboden verschwunden.
Verzweifelt fuhr ich schließlich nach Hause. Auf dem Weg kam ich an der Polizeiwache vorbei. Kurzentschlossen parkte ich das Auto und ging hinein.
In der Wachstube saß nur ein einziger Beamter, der mit dem Zweifingersuchsystem einen Bericht in eine uralte Schreibmaschine hackte. Ich hatte gehofft, meinen attraktiven Helfer anzutreffen – jetzt mußte ich mir schnell etwas anderes überlegen.
»Ahem, Entschuldigung... ich möchte eine Vermißtenanzeige aufgeben«, sagte ich beherzt.

Der Polizist sah genervt von seiner Arbeit hoch.
»Ich bin hier, um eine Vermißtenanzeige aufzugeben!« wiederholte ich unbeirrt.
»Vermißt wie lange?« schnauzte mich mein entgegenkommender Gesprächspartner an.
»Er ist vor ein paar Stunden im Englischen Garten verschwunden!«
»Verschwunden? Ihr Mann? Das passiert öfter. Manche tauchen erst nach Tagen wieder auf. Wenn er nach einer Woche noch nicht wieder zurück ist, dann...«
»Nein, verflixt noch mal. Ich spreche von meinem Pflegefall. Er ist völlig hilflos, kann sich nicht deutlich artikulieren und irrt bestimmt orientierungslos umher!«
»Aha, ich verstehe. Eine geistig umnachtete ältere Person. Sagen Sie das doch gleich! Dann geben Sie mir bitte jetzt eine möglichst genaue Beschreibung!«
»Also: Er ist männlich, ungefähr fünf bis sechs Jahre alt, hat braune Augen und...«
»Was trug der Kleine heute?«
»Ein weißes Fell. Aber das trägt er eigentlich immer!«
Wir waren gerade mitten in einem erhitzten Streitgespräch, ob es zu den Aufgaben der Polizei gehörte, nach entlaufenen Tieren zu suchen, als die Tür aufging und ›mein‹ Polizist mit einem Kollegen hereinkam. Erleichtert lächelte ich ihn an.
»Hört euch das mal an, Kollegen!« röhrte mein Widersacher. »Kommt vorhin diese Dame hier reingeschneit und verlangt ernsthaft von mir, daß ich eine Großfahndung nach ihrem entlaufenen Vier-

beiner einleite. Was haltet ihr davon – sollten wir diesen brisanten Fall nicht lieber an Interpol weitergeben?«
Mein Freund und Helfer ließ sich nicht anmerken, daß er mich kannte, fixierte aber meine Pupillen, als er fragte: »Kann es sein, daß man der Dame das wertvolle Tier entwendet hat?«
Bei mir fiel sofort der Groschen.
»Ja, richtig, das hatte ich ganz vergessen zu erwähnen. Da war so ein zwielichtiger Typ, sah aus wie ein Hundefänger. Und plötzlich war mein Fluffy weg. Was, wenn er jetzt in einem dieser schrecklichen Labors landet?«
Zähneknirschend gab sich mein Feind geschlagen. Ich mußte Fluffy genau beschreiben, angeben, wo er ›entführt‹ worden war, und meine Adresse und Telefonnummer hinterlassen.
Mein Polizist begleitete mich hinaus. Draußen versprach er mir, daß er sich persönlich um die ›Fahndungssache Fluffy‹ kümmern würde.

Die ganze Nacht machte ich kein Auge zu. In aufblitzenden Horrorvisionen sah ich, wie der wildernde Fluffy von einem Jäger erschossen wurde, wie ein Auto ihn mit quietschenden Bremsen überfuhr, wie er in der Folterkammer eines Versuchslabors malträtiert wurde.
Wie sollte ich das Tom bloß beibringen?
Ich nahm mir vor, am nächsten Morgen als allererstes sämtliche Tierheime in München und Um-

gebung durchzutelefonieren. Vielleicht hatte man Fluffy ja irgendwo abgegeben.
Ich verbrachte den halben Sonntag am Telefon, ohne Ergebnis. Und als Tom anrief, gingen mir die Nerven durch. Ich brach in lautes Schluchzen aus, ohne ihn zu Wort kommen zu lassen.
»Jetzt beruhige dich doch, Kim! Ich bin gerade zu Hause angekommen, und da lag Fluffy schlafend vor der Haustür. Was ist denn passiert?«
Vor Erleichterung wurde ich von einer weiteren Heulattacke überwältigt.
»Hör doch auf zu weinen, kleine Lady. Nun ist ja alles gut. Ich komme gleich bei dir vorbei und hole seine Sachen ab.«

Tom verschwand fast hinter dem riesigen Frühlingsstrauß, den er mir mitgebracht hatte, und ich mußte beim Anblick der wunderschönen Blumen schon wieder losheulen. Er nahm mich tröstend in die Arme.
»Es tut mir so wahnsinnig leid, Fluffy ist mir im Englischen Garten irgendwie entwischt«, schniefte ich und rieb meine verquollenen Augen.
»Nein, ich möchte mich bei dir entschuldigen, daß ich dir den ungezogenen Kerl aufgehalst habe. Ich bin dir trotzdem sehr dankbar. Der Job war wichtig für mich! Drum kann ich jetzt auch leider nicht länger bleiben – die Filme müssen heute noch entwickelt werden.«
Er gab mir zum Abschied einen freundschaftlichen

Kuß auf die Nasenspitze. Sein Bart kitzelte mich dabei ganz fürchterlich, aber ich fand das rotbraune Gestrüpp auf einmal ganz erträglich.
Als er gegangen war, kam ich mir ziemlich einsam vor.

Am Montagmorgen saß Patricia wieder hinter ihrem Schreibtisch. Bleich wie ein Grottenmolch blinzelte sie mich über einen Stapel Fotos hinweg an; passend zu ihren zerknitterten Gesichtszügen trug sie eine ungebügelte Bluse.
»Ach du liebe Zeit! Laß mich raten – hat ein Mann dich so zugerichtet, oder wurdest du bloß von einem Panzer überrollt?« witzelte ich.
Sie schnaufte resigniert.
»Dieser Mann ist mein Untergang! Ein Perpetuum mobile, du glaubst es nicht! Auf die Dauer halt ich das nicht durch! Ich werd mich wohl entscheiden müssen: er oder der Job!«
Ich staunte nicht schlecht. Sowas gab's also wirklich! Paolo, der Frauenterminator! Mit wohligem Schaudern hörte ich mir an, wie dieser potente Bettakrobat Patricia mehrmals täglich in die Umlaufbahn der kosmischen Orgasmen katapultierte, ob sie das nun wollte oder nicht.
»Bestimmt hat der kleine Pfadfinder sofort deinen G-Punkt ausfindig gemacht, wie?« Ich platzte fast vor Neugier, und meine Ohren mutierten zu Schallempfängern in Salatblattformat.
»Ach, frag nicht. Der Mann hat Dinge an mir ent-

deckt, von denen ich selber nicht mal wußte, daß sie existieren!« erwiderte sie erschöpft.
»Wow!« rief ich neiderfüllt aus.
»Ich komm schon auf dem Zahnfleisch daher. Noch ein paar solcher Tage und Nächte, und ich kann mit der Frührente gleich den Schwerbeschädigtenausweis beantragen!«
Ich überlegte kurz, ob sie nur mit ihrem nimmermüden Liebhaber kokettieren wollte oder ob er wirklich absolut über ihre Kräfte ging. Ihre fahle Gesichtsfarbe, die hohlen Wangen und die dunklen Augenringe sprachen allerdings Bände.
»Außerdem regt mich dieser penetrante Pizzageruch in seinen Haaren auf!« nörgelte sie.
Ich kicherte bei dem Gedanken, daß Patricia von nun an Pizzageruch immer mit ›Sex bis zum Abwinken‹ assoziieren würde.
»Und dieses schwüle Aftershave dazu, wi-der-lich!« steigerte sie sich hinein.
»Kurzum: Dir stinkt der ganze Mann, richtig oder korrekt?!«
»Wenn du mich so fragst – eigentlich ja! Und von diesem K.o.-Sex kann ich noch die nächsten zehn Jahre zehren, fürchte ich.«
»Das ist allerdings dumm!« sagte ich im Hinblick auf Wolfgangs Interessenlage. Ich fand, daß das jetzt der geeignete Zeitpunkt war, Patricia über mein Gespräch mit ihrem zerknirschten Ehemann aufzuklären. Ich tat es in aller Ausführlichkeit.
Patricia stiegen dabei die Tränen in die Augen, und sie untermalte meinen Bericht mit geschluchzten »Mein armes, armes Wolfilein!«-Ausrufen.

»Ich liebe ihn doch so sehr!« wiederholte sie anschließend so oft, als bete sie zur Buße ihrer Sünden einen Rosenkranz herunter.
»Dann geh jetzt zu ihm! Sofort! Auf der Stelle! Und gelobe Besserung, was deine ehelichen Pflichten betrifft, so wahr dir Paolo in Sachen Fleischeslust auf die Sprünge geholfen hat!«
»Du kannst dem Morgenrot ausrichten, daß ich ab morgen wieder voll für die Redaktion da bin.«
Strahlend stürmte sie aus dem Büro.

14

Flop mit Ödipussi

Patricia und Wolfgang waren sich überglücklich in die Arme gefallen, Tom hatte Fluffy wieder und meldete sich seit Tagen nicht (wieso eigentlich?), und ich hatte bei einem Telefongespräch mit meinem jungen Polizisten wieder mal einen gehörigen Dämpfer verpaßt bekommen:

»Ich wollte Ihnen nur sagen, daß sich die ›Fahndungssache Fluffy‹ erledigt hat«, teilte ich ihm mit. »Das Tier ist bei seinem Besitzer inzwischen von selbst aufgetaucht!«

»Wirklich schade. Für mich, meine ich. Weil Sie ja jetzt meine Hilfe nicht mehr brauchen, oder?«

»Ja, also... Es gibt sicher noch andere Dinge, bei denen ich Ihre Hilfe... bei denen ich mich an Sie wenden könnte!«

»Rufen Sie mich doch einfach mal zu Hause an. Sollte meine Freundin am Apparat sein, legen Sie am besten wieder auf. Wir führen zwar eine ziemlich liberale Beziehung, aber Ihr Anruf könnte sie trotzdem vielleicht – na, sagen wir mal – etwas irritieren.«

»Ah, schön«, hatte ich gestammelt und betreten den Hörer aufgelegt.

Und so war eben wieder mal alles beim alten!

An einem verkaufsoffenen Samstag ging ich deshalb los, meinen Frust durch einen zügellosen Kaufrausch zu betäuben. Dabei strapazierte ich mein

Budget so mutwillig, daß ich an anderer Stelle zu drastischen Einsparungsmaßnahmen gezwungen sein würde. Ich setzte kurzerhand eine Fastenkur mit preiswerten Gemüsesäften von Aldi aufs Programm. Ab Montag, nahm ich mir vor.

Nach der Shoppingorgie ließ ich mich mit meinen unzähligen Tüten in einem Café in der Stadtmitte nieder. Ich bestellte einen doppelten Espresso und kramte danach stolz in den sündteuren ›Superschnäppchen‹. Der Reihe nach zog ich sie aus der Tüte und begutachtete sie unter der Tischplatte. Höchst zufrieden lehnte ich mich schließlich zurück, zündete ein Zigarillo an und sah mich ein wenig im Café um.

Die Kundschaft bestand zu neunzig Prozent aus Damen älteren Semesters. Sie saßen in Zweier- und Dreiergruppen an den runden Tischchen, und der ganze Raum war erfüllt von ihren Stimmen.

Staunend betrachtete ich die ausgefallenen Hutkreationen um mich herum – vom Tirolerhütchen bis zum Modell ›Nachttopf‹ war alles vertreten. Und sichtlich waren für den Cafébesuch alle Schmuckschatullen zu Hause ausgeräumt worden; das Haar war frisch onduliert und gefärbt (Lila war der Renner der Saison!), und da und dort wurde auch mal ein Taschenspiegel gezückt, um den Mund dezent mit Lippenstift nachzuziehen.

Flotte Feger waren das, die Omas von heute. Sie ließen sich's gutgehen und stießen mit einem Gläschen Likör auf ihre alten Knaben an, die schon seit Jahren die Gänseblümchenwurzeln von unten betrachten durften. Die Witwenrente wurde sinn-

voll in Sachertorte und Schwarzwälderkirschkuchen investiert.
Recht so, Schwestern! dachte ich. Eine faire Belohnung ist das.
Eine kleine Entschädigung dafür, daß ihr ein ganzes Leben lang die Macken eurer Gatten habt ertragen müssen.
Was mich ärgerlicherweise wieder daran erinnerte, daß ich nicht das Glück hatte, die Macken eines Mannes ertragen zu dürfen. Nicht einmal eine anständige Witwenrente würde ich verpulvern können, so wie die Dinge lagen!
Ich bestellte mir ein kingsizegroßes Stück Sachertorte, um meinen rapide abgesunkenen Blutzuckerspiegel und die damit verbundene Laune zu heben.

Auf dem Nachhauseweg fiel mein Blick zufällig durch ein Schaufenster ins Innere eines luxuriösen Herrenausstatters.
In dem edel durchgestylten Laden befand sich nur ein einziger Kunde: ein auffallend stattlicher Mann im besten Alter, der mit selbstbewußter Haltung drei Verkäuferinnen um sich herumspringen ließ wie einst Caesar seine Sklavinnen.
Ich blieb neugierig stehen und beobachtete die Szene. Sein ganzer Habitus war der des geborenen Siegers – nur der Lorbeerkranz fehlte.
Bestimmt in dritter Ehe verheiratet, vier Kinder, eine heimliche Geliebte, diagnostizierte ich seufzend und ging weiter.

Doch plötzlich blieb ich abrupt stehen.
»Männer, die an Samstagen allein Einkäufe tätigen, sind in der Regel solo...« Wo hatte ich diesen Satz bloß schon mal gelesen? Aber natürlich! Er stammte aus dem bewußten Artikel, den ich schon in die hinterste Ecke meines Gedächtnisses verbannt hatte.
Ich zögerte kurz, bis sich meine weibliche Neugier gegen die Bedenken durchgesetzt hatte, und kehrte um.
»Guten Tag, ich suche einen Pullover für meinen Bruder!« unterbrach ich das geschäftige Treiben der Verkäuferinnen.
Vier Köpfe fuhren gleichzeitig in meine Richtung: Die Augen der Damen funkelten so gefährlich wie die von Löwinnen, denen man einen kapitalen Bock streitig machen will. Aber auch Julius Caesar schien einigermaßen pikiert über das jähe Ende seiner Alleinherrschaft.
»Lieber Herr Doktor, nur ein winziges Sekündchen, ich bin gleich wieder für Sie da!« flötete eine der drei und zischte wie eine Rakete an mir vorbei zu einem Regal mit Strickwaren. »An welche Farbe hatten Sie gedacht?« nuschelte sie in ihren Damenbart und riß ungeduldig einen ganzen Stapel Pullover aus dem Regal.
»Nun ja... Was ist denn zur Zeit farblich ›en vogue‹?«
»Das kommt ganz darauf an, was Ihr Herr Bruder tragen kann. Soll ja auch zu seiner übrigen Garderobe passen, nehme ich an!« belehrte sie mich mit einem besorgten Blick auf ihren vernachlässigten »Herrn Doktor«.

»Was für ein hübsches Senfgelb!« rief ich theatralisch aus und hielt ein besonders ausgefallenes Stück hoch. »Ich frage mich halt nur, ob dieser Farbton zu Dunkelblond paßt!« dachte ich laut nach und schielte zu meinem männlichen Opfer hinüber, das rein zufällig dunkelblond war. »Mein Bruder hat nämlich diese Haarfarbe, wissen Sie. Ungefähr so wie Ihr Kunde dort drüben...«
Die Verkäuferin witterte Gefahr. Aber bevor sie mir den Pullover aus der Hand reißen konnte, war ich schon außer Reichweite und zum Angriff übergegangen.
»Verzeihung, ich möchte nicht stören, aber ich hätte da ein Problem!« säuselte ich. »Ich habe diesen Pullover als Geschenk für meinen Bruder ins Auge gefaßt. Leider bin ich bezüglich Form und Farbnuance schrecklich unsicher... Da fiel mir auf, daß Sie in etwa die gleiche Figur und Haarfarbe haben wie er – hätten Sie was dagegen, wenn ich Ihnen das Stück mal anhalte?«
»Kein Problem!« meinte Caesar souverän, nahm mir den Pullover aus der Hand und zog ihn über. – »Na, wie sehen wir aus?« fragte er, während er seine Haare wieder glattstrich und sich in Positur stellte.
»Einfach sensationell!« rief ich, und es war mein voller Ernst. »Ein umwerfendes Teil!«
»Sie nehmen ihn also!« schaltete sich meine Verkaufsberaterin penetrant dazwischen.
»Hätte ich doch auch eine so nette Schwester, die mir schicke Pullover schenkt...« klagte er charmant.
»Ach Gott, na ja...« erwiderte ich und schlug bescheiden die Augen nieder.

»Das wären dann 530 Mark!« blökte die Verkäuferin und schrieb bereits die Rechnung aus.
»Hm, also ich weiß nicht!« warf ich schüchtern ein.
Er zog den Pulli wieder aus und gab ihn mir. »Mir jedenfalls gefällt er ganz ausgezeichnet. Das ist natürlich nur die unmaßgebliche Meinung eines modeunkundigen Mannes«, stapelte er tief.
Jetzt saß ich in der Zwickmühle. Wenn ich mich nicht bis auf die Knochen blamieren wollte, mußte ich mein Spiel tapfer zu Ende bringen.
Lässig zückte ich meine Kreditkarte.
»Karl-Friedrich!«
Ein spitzer Ausruf zerriß die Harmonie unseres Gesprächs.
»Karl-Friedrich, wie lange soll ich eigentlich noch im Auto auf dich warten?«
Erschrocken sah ich, wie eine wuchtige ältere Dame mit Trachtenhut und Lodenmantel lawinengleich auf uns zurollte.
»Ja, Mama, ich komme ja gleich! Ich habe doch nur dieser netten Dame geholfen, einen Pullover für ihren Bruder auszusuchen. Bitte entschuldige.«
Mit Scheuklappen steuerte sie schnurstracks auf ihren Sohn zu und rammte mich dabei wie ein Autoscooter. Statt einer Entschuldigung erntete ich einen giftigen Seitenblick, weil ich nicht ausgewichen war.
»Es ist immer das gleiche mit dir!« wetterte sie los. »Du besitzt nicht das geringste Zeitgefühl. Ich finde dein Verhalten mehr als rücksichtslos...«
»Aber ich wollte noch diesen Anzug hier...«

»Du kommst jetzt sofort hier raus. Hast du vergessen, daß wir um vier Uhr bei Frau Professor Kümmel zum Tee eingeladen sind?«
»Aufgeschoben ist nicht aufgehoben«, flüsterte er achselzuckend einer der Verkäuferinnen zu.
»Aber selbstverständlich, Herr Doktor...«
Die Metamorphose des souveränen Herrn Doktor in ein stotterndes Ödipussi war niederschmetternd. Fassungslos mußte ich miterleben, wie er hinter seiner Mutter aus dem Laden dackelte, während das laute Ritsch-Ratsch des Kreditkartengeräts meinen letzten Nerv zerriß.
Auf einen Schlag war ich um eine Erfahrung, einen senfgelben Herrenpullover und einen brandneuen Überziehungskredit reicher.

15

Schwarzenegger light

Pünktlich zum Wochenbeginn startete ich mein geplantes Abspeckprogramm. Das war unabhängig von den roten Zahlen auf meinem Kontoauszug dringend nötig. Besonders im letzten Jahr hatte sich meine Neigung für teure Restaurants und Feinkostläden verstärkt: In Ermangelung eines anderen Lasters hatte ich mich der Völlerei hingegeben. Seit einiger Zeit packte mich das nackte Entsetzen, wenn ich meine Figur im großen Badezimmerspiegel betrachtete. Früher hatte ich mich immer über meinen knabenhaften Körper mit den eckigen Hüftknochen und der Sparversion meiner sekundären Geschlechtsmerkmale geärgert, aber inzwischen hatten sich Veränderungen eingeschlichen, die mich weit mehr beunruhigten: Die Speckröllchen um meinen Bauch wölbten sich selbst bei gestreckter Körperhaltung schamlos vor; beide Hälften des Gesäßes hatten Newtons Gesetz der Schwerkraft nachgeben müssen und waren bedenklich schlaff nach unten abgesackt. Am schlimmsten aber traf mich, daß ich im klinisch unbarmherzigen Badezimmerlicht von Mal zu Mal mehr Dellen an Po und Oberschenkeln entdeckte, die zweifelsohne an Aufnahmen von Kraterlandschaften fremder Planeten erinnerten.

Wie viele Diäten hatte ich mir in jüngster Vergangenheit schon selbst verordnet! Von der weltweit

propagierten Trennkostdiät (ein absoluter Schwachsinn, wie sich herausstellte!) bis zur obstipationsfördernden Eierdiät, die nur bewirkt hatte, daß sich seither beim bloßen Anblick von Eiern mein Magen-Darm-Trakt schmerzhaft zusammenzog. Von der ›Schlemm-dich-schlank-Diät‹ einer renommierten Frauenzeitschrift hatte ich fünf Kilo zugenommen (vielleicht weil ich es bei den Zutaten nicht immer so genau nahm), und die idiotensichere ›Friß-die-Hälfte‹-Methode hatte deshalb versagt, weil ich Wochen vor der Diät meine Essensportionen schon mal prophylaktisch verdoppelt hatte.
Erschwerend kam natürlich hinzu, daß ich ein unsportlicher Typ war. Schon beim Schulturnen war ich wie ein nasser Mehlsack vom Stufenbarren gebaumelt, hatte mir beim Bockspringen Knöchel gestaucht, bei Wettrennen Sehnen gezerrt und mich ansonsten indisponiert als Zuschauerin am Rand der Turnhalle herumgedrückt.
Eine Zeitlang hatte Schwimmen zu meinen Hobbies gezählt. Während eines Wadenkrampfes in einem Baggersee vor zehn Jahren hatte ich mir jedoch geschworen: Sollte ich hier noch einmal mit dem Schrecken davonkommen, würde ich auch diesen Sport fortan lieber den Lebensmüden überlassen.
Immerhin besaß ich alle einschlägigen Gymnastikbücher und ein gewaltiges Archiv von Aerobicvideos, die in den letzten Jahren in Massen auf den Markt gekommen waren. Ich war also ständig auf dem laufenden, was Fitneß und Sport betraf, und mit Jane Fonda praktisch auf Du und Du.
Mit einem Ruck wuchtete ich die beiden Einkaufs-

taschen mit den schweren Saftflaschen auf den Küchentisch. Karottensaft, Tomatensaft, Selleriesaft, Orangensaft. Und mehrere Dosen V-8, eine Kombination verschiedener Gemüsesäfte und Kräuter.

Zufrieden packte ich mein buntes Sortiment aus. So viele Vitamine. Köstlich. Und obendrein preiswert.

Leise vor mich hin summend öffnete ich die Orangensaftflasche, schraubte den Verschluß vom Karottensaft und mixte mir einen verlockenden Gesundheitsdrink. Ganz vorzüglich, diese Mischung!

Allerdings würde eine Saftkur nicht ausreichen, meinen Körper auf Vordermann zu bringen, soviel war klar. Mit dem Glas in der Hand schlich ich um meine angestaubten Aerobicvideos herum und blätterte in einigen Gymnastikbüchern. Aus einem fiel ein Stück Papier heraus und segelte zu Boden: die Einladung zu einer kostenlosen Probestunde im Fitneßclub ›Oasis‹. Das war ein Omen. Diesmal würde ich Nägel mit Köpfen machen.

»Die Damenumkleidekabinen sind dort hinten!« sagte der blonde junge Mann am Empfang.

Ich mußte wohl mit etwas überfordertem Gesichtsausdruck auf seinen begnadeten Körper gestarrt haben; jedenfalls stand er auf, kam hinter seinem Tresen hervor und meinte: »Ich zeig's dir am besten.«

Klaro, dachte ich. Sportler unter sich, die duzen sich eben.

Er ging den schmalen, weißgetünchten Gang voraus, dessen Wände mit Photos von schönen jungen Menschen mit schönen, durchtrainierten Körpern geschmückt waren.
Geblendet von so viel Perfektion schlich ich hinter ihm her. Ein weißes T-Shirt mit der Aufschrift *Muscles* spannte sich über sein breites Kreuz, und das Spiel seiner enormen Rückenmuskulatur hauchte den Buchstaben Leben ein.
Ein Blick auf seinen Po in der hautengen, pinkfarben glänzenden Sporthose gab mir den Rest. Ich fing an zu begreifen, warum ein paarungswilliger Pavian beim Anblick eines roten, aufreizenden Hinterteils den Verstand verlor (hatte ich kürzlich in einem aufschlußreichen Tierfilm im Studienprogramm gesehen).
»Du bist zum ersten Mal hier, stimmt's?« sagte Mr. Muscles und hielt mir die Tür zum Umkleideraum auf.
»Ja, ich... Hier, ich hab da einen Gutschein von euch.«
»Probestunde, ach so. Also, wenn du Hilfe brauchst oder Fragen zu den Geräten hast, wende dich ruhig an mich. Ich bin übrigens der René.« Er streckte mir freundschaftlich die Hand hin. Arglos ergriff ich sie. René drückte schonungslos zu wie einst Herr Harmsdorf in der berühmten Filmszene, wo er Saft aus einer rohen Kartoffel quetscht.
Tapfer unterdrückte ich ein Aufjaulen. Erst als René mir den Rücken kehrte und mit federnden Schritten zu seinem Empfang zurücklief, sah ich schnell nach, ob noch alle Finger dran waren.

In meinen neuen Sportklamotten wirkte ich schon wesentlich fitter, fand ich. Ich machte rasch ein paar Atemübungen vor dem Spiegel im Umkleideraum und stürzte mich dann entschlossen in die Arena.
Die Dimensionen des Geräteraums waren ziemlich einschüchternd. In einer riesigen Halle standen dicht an dicht chromblitzende Ungetüme in allen erdenklichen Variationen. Hilflos ging ich von Gerät zu Gerät, sann staunend darüber nach, wozu genau diese monströsen Apparaturen wohl dienen sollten und wie man sie handhabte.
Leider war ich an diesem frühen Nachmittag die einzige, die trainieren wollte, und so war niemand da, dem ich etwas abschauen und den ich um Rat fragen konnte. Schließlich entdeckte ich einen vertrauten Gegenstand. In einer Ecke des Raums stand eine Reihe von Geräten, die wie Heimfahrräder aussahen.
»Ich fang wohl am besten mal mit dir an«, sagte ich zu einem der Fahrräder, schwang mich elastisch auf den Sattel und trat in die Pedale.
Aber die blockierten – ich schaffte mit allergrößter Kraftanstrengung gerade eine halbe Umdrehung.
»Kaputt, der Schrott!« schimpfte ich und stieg auf das Fahrrad daneben. Aber auch das funktionierte nicht.
Unsicher sah ich mich um. Da stand plötzlich René in der Tür.
»Hab ich mir doch gedacht, daß du Hilfe brauchst!« sagte er und kam grinsend auf mich zu.
»Die Dinger hier sind alle kaputt!« klärte ich ihn auf. »Die könnt ihr gleich auf den Müll schmeißen!«

René schien sich über diese Hiobsbotschaft köstlich zu amüsieren.
»Ganz ruhig!« sagte er in geduldigem Ton zu mir wie ein Nervenarzt zu seiner randalierenden Patientin. »Die sind auf höchsten Schwierigkeitsgrad gestellt!«
»Aha!« sagte ich interessiert.
»Und weil das kein gewöhnliches Rad ist, sondern ein ›Telebike‹, haben wir hier einen Monitor. Der zeigt dir Geschwindigkeit, Zeit, Pulsfrequenz und Kalorienverbrauch an. Durch diese Bildlandschaft kannst du jetzt radeln, außerdem erscheint ein anderer Radfahrer auf dem Monitor, mit dem du um die Wette fahren kannst!«
Ich wollte weder durch eine Bildlandschaft noch gegen einen anderen Radfahrer radeln, wenn René beim Erklären weiter so auf Tuchfühlung ging. Sein herbes Eau de Toilette stieg mir in die Nase, vermischt mit einer kaum wahrnehmbaren Schweißausdünstung, die trotz sinnlicher Schwüle irgendwie sauber roch.
»Auf los geht's los!« feuerte René mich an und riß mich damit unsanft aus meinen Träumen.
Er gab mir einen aufmunternden Klaps auf den Rücken wie ein Trainer seinem Rennpferd, und schon radelte ich los.
Nach fünf Minuten steilem Bergaufradeln standen mir die Schweißperlen auf der Stirn. Nach weiteren fünf Minuten liefen sie mir in den Kragen meines T-Shirts. Ich ließ mir nichts anmerken. René hatte ein Fenster geöffnet, saß mit verschränkten Armen auf dem Fensterbrett und lächelte mir zu.

Mich vor einem Mann wie ihm, einem Mister Universum in spe, als unsportliche Pflaume enttarnen – niemals!

Nach etwa zwanzig Minuten setzte ein seltsames Pfeifen in meinen Ohren ein, und René verschwamm zu einem undefinierbaren Farbklecks.

Als ich die Augen wieder aufschlug, lag ich auf einer Matratze am Boden des Geräteraums.

René stand über mir, hielt meine Beine hoch und redete irgendwie zusammenhanglos auf mich ein.

»Hallo!« sagte ich, weil mir im Augenblick nichts Besseres einfiel. »Gibt's Probleme?«

»Ich weiß auch nicht, du bist plötzlich zusammengesackt. Passiert dir das öfter? Du bist doch noch ziemlich jung!«

»Oh...« sagte ich.

Er legte meine Beine ab, nahm eine Zeitschrift vom Boden und fächelte mir Luft zu.

»Ich, äh, bin momentan nicht so gut drauf. Kann sein, daß ich die Saftkur nicht vertrage .... Kleiner Schwächeanfall, kann schon mal vorkommen!«

René hob wortlos meinen Oberkörper an, kniete sich hinter mich und fing an, meinen Nacken und meine Schultern zu massieren.

Ich schloß die Augen und fühlte mich am Rand eines zweiten Ohnmachtsanfalls, so gut tat das.

»Okay, jetzt versuch mal, aufzustehen«, sagte René.

Ich rappelte mich mühsam hoch. Meine Beine fühlten sich an wie Blei, aber sonst schien alles in Ordnung zu sein.

»Ich nehme an, du willst die Probestunde heute nicht fortsetzen«, sagte René einfühlsam.

»Vielleicht ein andermal«, erwiderte ich.
»Schreib mir doch schnell deine Adresse und Telefonnummer auf den Gutschein. Dann kannst du ihn das nächste Mal einlösen. Ich notiere das in der Kundenkartei...«
Brav kritzelte ich meine Adresse aufs Papier. Aber insgeheim schwor ich mir, René hin oder her, daß mich keine zehn Pferde mehr in die Nähe dieses Masochistenetablissements würden schleifen können.

Mit einem nagenden Heißhunger in den Eingeweiden kehrte ich der Stätte körperlicher Ertüchtigung den Rücken.
Auf dem Weg zum Parkplatz ließ die Aussicht auf einen weiteren Abend der Kasteiung quälende Bilder von opulenten Sechsgängemenüs und üppigen Feinschmeckerbuffets in mir aufsteigen. Zu allem Überfluß führte mich der Nachhauseweg auch noch an den verlockendsten Restaurants der ganzen Stadt vorbei.
Eisern fuhr ich an mehreren italienischen Lokalen vorüber: Basta mit der Pasta!
Als ich jedoch an einem Steakhouse vorbeikam, lief mir so das Wasser im Mund zusammen, daß ich reflexartig auf die Bremse trat. Ich parkte am Straßenrand und ging – nein: rannte – auf den göttlichsten aller Freßtempel zu. Steak und Salat – eine Kombination, die bekannterweise der schlanken Linie nicht das geringste anhaben konnte!

Nachdem ich mir einen Tisch gesucht hatte, lenkte ich meine Schritte unverzüglich zum Salatbuffet, wo ich die gesunde Rohkost wollüstig in Sturzbächen von Sahnedressing ertränkte.
Als sich schließlich der erste Hunger gelegt hatte, bemühte ich mich, nicht allzu hastig zu schlingen. Seit der Bestellung meines dritten Steaks hatte ich nämlich das ungute Gefühl, daß man mich von den Nebentischen her recht auffällig begaffte.
Während der köstliche Bratensaft die Geschmacksknospen meiner entwöhnten Zunge aufs neue erblühen ließ, gab ich mich Gedankenspielen über René, den Prinzen im Reich der Bi- und Trizepse hin.
Beim Reizwort ›Bodybuilder‹ zogen die meisten Frauen, die ich kannte, nur verächtlich die Augenbrauen hoch. Die landläufige weibliche Meinung zu diesem Thema war in der Tat ziemlich vernichtend und lief darauf hinaus, daß das von vornherein benachteiligte Gehirn der Körperfreaks im gleichen Verhältnis schrumpfte, wie ihre Muskelmassen anschwollen.
Ob das auch auf René zutraf? Einen sonderlich intellektuellen Eindruck hatte er zwar nicht gemacht, aber ich war nicht gewillt, mich von Vorurteilen beeinflussen zu lassen. Schließlich wirkte auch Arnold Schwarzenegger bei Interviews nicht gerade wie ein vergeistigter Philosoph vom Schlage Sokrates'! Und dieser Mann ging immerhin im Weißen Haus in Washington ein und aus, was immer das über seine geistige Potenz aussagen mochte...
Auf dem Heimweg wurde mir prompt speiübel,

und nur mehrere nächtliche Verdauungsschnäpse konnten verhindern, daß sich die Steaks in Teufelssoße und die Salatberge mit French Dressing eruptionsartig den falschen Ausgang suchten.
Zur Sicherheit verbrachte ich die halbe Nacht im Badezimmer, in leidenschaftlicher Umarmung der Toilettenschüssel. Und ich schwor mir, wieder zu meinen alten Eßgewohnheiten zurückzukehren und meinen Körper nicht mehr so bald mit irgendeiner wahnwitzigen Diät an den Rand des Kollapses zu bringen.

16

Tarzan in Babyöl

Die folgenden Tage verliefen ohne besondere Höhepunkte. Am Freitagabend schaute Patricia kurz bei mir vorbei, um ihren Überseekoffer abzuholen, der nun schon seit Wochen in meinem Flur herumstand. Sie schäumte über vor Lebensfreude und schwärmte in den höchsten Tönen von dem neuen Schwung in ihrer Ehe mit Wolfgang.

»Du bist die erste, die's erfährt – wir wollen versuchen, ein Baby zu bekommen. Ist das nicht super?« Sie umarmte mich überschwenglich.

»Ja, super«, sagte ich gedrückt.

Sie hielt mich an den Schultern von sich weg und sah mich ernst an.

»Jetzt erzähl doch mal, Kim. Was ist denn nun mit dir. Hast du immer noch niemanden kennengelernt?«

Das war zuviel. Tränen schossen mir in die Augen. Patricia schob mich auf meinen Wohnzimmersessel, kniete sich vor mich hin und streichelte beruhigend meinen Arm.

»Was hältst du eigentlich von Bekanntschaftsanzeigen?« fragte sie vorsichtig. »In der *Süddeutschen Zeitung* stehen am Wochenende immer zwei Seiten voll davon! Wär das nichts für dich?«

»Sowas ist doch total bescheuert!« schluchzte ich. »Außerdem pfeif ich auf die Männer! Allein geht's mir tausendmal besser, jawohl!«

»Das seh ich!« sagte Patricia betreten. »Überleg's dir doch mal mit der Anzeige. Kannst ja nichts verlieren dabei, nur gewinnen...«
»Gewinnen, daß ich nicht lache!« zischte ich böse. »Diese angeblichen Supermänner, die sich da auf Teufel komm raus selber anpreisen! Das können doch nur Komplexheinis sein, Versager, die es nicht auf die Reihe kriegen, eine Frau auf normalem Weg kennenzulernen.«
Patricia wollte etwas erwidern, doch ich schnitt ihr das Wort ab.
»Ich denk nicht dran, mich auf so ein ›Blind date‹ einzulassen. Die heißen aus gutem Grund so. Man muß nämlich wirklich blind sein, um diese unscheinbaren Gartenzwerge zu ertragen, diese... diese verklemmten Spießer...«
Patricia fing schallend an zu lachen, und mir blieb nichts anderes übrig, als aus Galgenhumor mitzulachen.

Am Samstagmorgen riß mich das penetrante Klingeln meines Telefons aus dem Tiefschlaf.
Benommen stand ich auf und taumelte ins Wohnzimmer.
»Hallo?« sagte ich mit belegter Stimme.
»Hallo, hier ist René, der aus dem Fitneßcenter. Ich bin grade die Kundenkartei durchgegangen, und da ist mir dein Gutschein in die Hände gefallen. Du hast ja noch eine Probestunde bei uns gut, und ich wollte fragen...«

Ich gab einen erstickten Gurgellaut von mir. »Und deswegen rufst du mich um...« Schlaftrunken sah ich auf meine Armbanduhr – es war halb neun. »...rufst du mich in aller Herrgottsfrühe an, wenn ich zur Abwechslung mal ausschlafen könnte!«
Ein verlegenes Räuspern am anderen Ende verriet, daß René noch dran war.
»Ich, äh. Also gut – warum um den heißen Brei herumreden?! Ich wollte dich gern wiedersehen, weil du mir gefällst. Nein, falsch. Ich find dich unheimlich... Du bist einfach... Shit, jetzt hab ich einen Blackout.«
Sprachlos ließ ich mich auf die Couch fallen.
»Entschuldige bitte, daß ich dich so früh gestört habe«, kam es kleinlaut aus dem Hörer.
»Ist schon gut. Jetzt bin ich ja wach.«
Hellwach war ich auf einmal und fühlte mich, als hätte ich mir gerade eine Pulle Sekt hinter die Binde gekippt.
»Woher weißt du eigentlich, daß ich nicht gebunden bin?« forschte ich mißtrauisch, nachdem die erste Euphorie abgeklungen war.
»Im Telefonbuch stehst nur du drin. Außerdem sieht man das sofort. Ich meine, du wirkst so single irgendwie. Also, ich will dich damit nicht beleidigen, ehrlich nicht... Oh, Mist, jetzt hab ich wieder alles vermasselt!«
Man sah es also schon! Hatte ich etwa diesen verbissenen, altjüngferlichen Zug um den Mund? Oder die typische Ladenhüteraura, die jedem Mann sofort verriet, daß sich bei mir an gewissen Stellen bereits Spinnweben gebildet hatten?

»Hallo, bist du noch da?« hörte ich René rufen.
»Ja, bin ich. Und übrigens – ich hab mich erst vor ein paar Wochen von meinem langjährigen Lebenspartner getrennt. Nur zu deiner Information!«
»Siehst du. Genau das ist es, was ich vorhin meinte. Du hast so einen melancholischen Blick drauf, total süß irgendwie. Treffen wir uns heute abend?«
Ich überlegte kurz. Was hatte ich im Grunde schon zu verlieren – außer meinem melancholischen Blick?
Ich sagte zu.

Ich stand neben René an der Theke einer brechend vollen Bar im Herzen Schwabings. Aufgrund des Höllenlärms führten wir eine interessante Konversation in Taubstummensprache.
Pausenlos wurden wir von sich vorbeidrängenden Bargästen angerempelt und wie zufällig aneinandergepreßt. Dabei stieg mir immer wieder Renés herbes Eau de Toilette in die Nase, was mich allmählich ziemlich taumelig werden ließ.
»Noch ein Bier?« brüllte René und klopfte zur Verdeutlichung der Frage mit dem Fingerknöchel auf mein leeres Bierglas.
Ich nickte. Er hielt den hinter der Theke herumflitzenden Barkeeper am Ärmel fest und schrie ihm die Bestellung ins Ohr.
»Echt was los hier!« rief er dann zum fünften Mal, und ich machte zum fünften Mal das von ihm erwartete begeisterte Gesicht.

»We are the champions!« dröhnte es aus den bedrohlich vibrierenden Boxen über uns. Ein Wogen ging durch die Menge, die sich vom Refrain sichtlich angesprochen fühlte. Auch mein Begleiter fühlte sich veranlaßt, das Lied mitzugrölen.
Auf diese Weise hatte ich binnen kürzester Zeit mein viertes Bier intus, und der ganze Laden fing an zu schwanken wie ein Achtmaster auf offener See.
»Ich muß sofort raus hier!« brüllte ich in Renés Richtung und kämpfte mich schwitzend durch die Menschenmassen nach draußen.
»Möchtest du noch in einem anderen Laden vorbeischauen? Vielleicht in einer Disco?« fragte René, als wir endlich erschöpft auf der Straße standen.
Der Gedanke an die unvermeidlichen Blessuren durch das Getrample auf einer Tanzfläche, Sehstörungen durch grellgrüne Laserstrahlen und einen Gehörsturz durch die guinessrekordverdächtigen Dezibelwerte in den Münchner Discos jagte mir Schauer über den Rücken.
René, offenbar ein Meister männlichen Einfühlungsvermögens, schaltete sofort.
»Was hältst du von einem Drink in meiner himmlisch ruhigen Wohnung?« Erwartungsvoll sah er mich an.
Warum eigentlich nicht?! dachte ich.
»Wenn du meinst!« sagte ich.

René ging in seine Wohnung voraus, um das Licht anzuknipsen. Ich folgte ihm und stieß im Dunkeln mit voller Wucht gegen etwas Schweres, Hartes, das im Flur auf dem Boden lag.

»Das sind nur meine Hanteln, hab vergessen, sie wegzuräumen!« meinte René und hob die beiden silbrigen Gewichte vom Boden auf. »Hier geht's lang«, lotste er, und ich lief ihm und den Hanteln hinterher in ein großes Zimmer.

Es war ein weißer, kahler Raum – ein Ambiente wie in einer Turnhalle. An der Decke hingen Lichtstrahler, die man auch zum Ausleuchten einer Konzertbühne hätte verwenden können. Auf den ersten Blick war überhaupt kein Mobiliar zu sehen. Erst bei genauerem Hinsehen erkannte ich eine Art Couchersatz, ein mit grauem Teppichboden überzogenes Podest an der Wand, auf dem ein paar rote Satinkissen herumlagen. Gegenüber stand ein tragbares Fernsehgerät auf einem Metallgestell.

»Mach's dir doch schon mal bequem!« forderte René mich auf und verließ den Raum, um uns in der Küche ein paar Drinks zu mixen.

Unter den gegebenen Umständen hielt ich es für das Bequemste, stehenzubleiben.

Neugierig sah ich mich um. Hinter einem schwarzlackierten Paravent entdeckte ich schließlich ein niedriges Futonbett mit rotem Satinüberwurf, eine riesige Ruderbank, ein Heimfahrrad (identisch mit den Telebikes aus dem Fitneßstudio) sowie verschiedene Hanteln und Gewichte, die auf dem Boden vor dem Bett herumlagen.

Besonders aufschlußreich fand ich die rundum verspiegelten Wände in dieser Ecke. Selbst die Zimmerdecke war nicht verschont geblieben!

Mit zwei Gläsern in der Hand, die eine grünlich phosphoreszierende Flüssigkeit enthielten, kam René zurück.

»Sieht aus wie im Chemielabor zusammengebraut«, meinte ich und betrachtete mit gemischten Gefühlen den Inhalt der Gläser. »Was ist denn da alles drin?«

»Geheimnis des Hauses«, erwiderte er augenzwinkernd.

»Also dann runter damit!« sagte ich, während wir anstießen, und nahm einen Schluck.

Mir schlugen fast die Flammen aus den Nasenlöchern.

»Das ist ja der pure Spiritus!« keuchte ich mit Tränen in den Augen und überlegte, wo in aller Welt ich das verdammte Glas abstellen könnte.

René nahm es mir aus der Hand und stellte beide Gläser aufs Fensterbrett.

Dann riß er mich mit einem heftigen Ruck an sich, preßte seine Lippen auf die meinen und deponierte seine Zunge in meinem Mund à la ›und jetzt mach was draus!‹. Plötzlich hob er mich hoch, trug mich auf seinen starken Armen hinter den schwarzen Paravent und lud mich wie einen Sack Kartoffeln auf dem Futonbett ab.

»Bin gleich wieder da!« versprach er und ging hinaus.

Überrumpelt und ziemlich ernüchtert lag ich da und starrte in den Deckenspiegel.

René ließ sich eine Menge Zeit. Minutenlang hörte ich das gleichmäßige Rauschen der Dusche, das Plätschern des Wasserhahns, die Toilettenspülung und, alles untermalend, Renés Versuche, Placido Domingo zu imitieren.

Und plötzlich hatte ich keine Lust mehr, noch eine Minute länger in dieser Wohnung zu bleiben. Ich stand auf, um sang- und klanglos zu verschwinden, da kam René zurück. Nein: Tarzan.

Mit aufgepumptem Brustkorb stand er vor mir, und ich ertappte mich dabei, daß ich auf den berühmten Dschungelschrei wartete. Sein sonnenstudiogebräunter, muskulöser Körper glänzte im Scheinwerferlicht wie ein sorgfältig gerupfter Hähnchentorso am Drehspieß.

Benommen glitt mein Blick tiefer und blieb irritiert an seinem mit prallem Leben gefüllten Leopardentanga hängen.

René warf sich auf mich wie ein Ringer auf seinen Gegner. Ich versuchte mich an seinen fleischigen Schultern abzustützen, doch meine Hände flutschten von ihm ab wie von einem nassen Stück Seife. Kurz darauf erstickte ich fast an dem intensiven Babyölgeruch, als er meine Nase unter seinen ausgeprägten Muskelmassen begrub.

Während unseres ungleichen Kampfes um die Oberhand auf dem Matratzenlager sah ich, wie er selbstverliebte Blicke in die zahlreichen Spiegel um uns herum warf.

Das verlieh mir neue Kraft. Ich ließ mich seitlich unter dem glitschigen Narziß weggleiten, rappelte mich hoch und sprach ein Machtwort: »Du, ich glaub, ich geh lieber. Das hat keinen Sinn mit uns beiden!«

»Ach komm, jetzt sei doch nicht so...« schmeichelte

er und schlug mit lockender Geste den roten Satinüberwurf zurück. Er kam mir vor wie ein Torero, der versuchte, den müden Stier noch einmal in Fahrt zu bringen.

»Also, tschüs dann«, sagte ich und floh aus der Wohnung, ehe er seine Sprache wiedergefunden hatte.

17

Der Widerspenstigen Zähmung

Am Sonntagvormittag lag ich lethargischer denn je in meinem Bett und grübelte mißmutig vor mich hin. Wieder lag ein öder Sonntag vor mir – wie viele würde ich wohl noch in dieser Wohnung verbringen müssen?

Lustlos stand ich auf, zog mir den Morgenmantel über und schlurfte in die Küche, um Kaffee zu kochen. Geistesabwesend starrte ich auf den Strahl heißen Wassers, der gluckernd das dunkelbraune Pulver überschwemmte, und goß dann den frisch gebrühten Kaffee in meine Lieblingstasse. Darauf war ein dickes Mutterschwein abgebildet, das zu seiner Tochter sagt: »Alle Männer sind Schweine!« Und das Ferkel antwortet mit einem schlichten »Ja. Und?«

Aber an einem Sonntag wie diesem konnte kein Schwein meine Stimmung heben. Gelangweilt griff ich zur Wochenendausgabe der *Süddeutschen Zeitung*, die noch ungelesen auf dem Tisch lag. Ich überflog kurz die Schlagzeilen und wollte die Zeitung schon wieder weglegen, als mir Patricias Tip mit den Bekanntschaftsanzeigen einfiel.

Ich gab ein zorniges Knurren von mir. Wofür hielt sie mich eigentlich? Für einen hoffnungslosen Fall, für Restware, die nur per Anzeige an den Mann gebracht werden konnte? So weit war ich noch lange nicht, daß ich auf eine Annonce antworten würde,

da mußte schon... na ja, noch viel länger nichts passieren! Immerhin konnte ich den Quatsch ja mal durchlesen, das heißt überfliegen...
Es war kaum zu glauben.
›Junggebliebener, dynamischer Unternehmer (Ende 50) sucht blonde Fee (bis 25), die nicht nur an seinem Vermögen interessiert ist. Studium erwünscht, aber keine Damen mit Emanzipationstick. Ganzkörperfoto an...‹
Alter Bock sucht pflegeleichtes Zicklein zwecks kostenloser Frischzellenkur, das wäre prägnanter und hätte dir ein paar deiner heißgeliebten Moneten gespart! dachte ich wütend und ging mit erhöhtem Blutdruck zur nächsten Anzeige über.
Darin stellte sich ein Autonarr als eine Art Gebrauchtwagen dar, wobei er mit zum Gähnen komischen Zweideutigkeiten wie ›Baujahr 40, aber noch gut in Schuß‹, ›kurvensicher, da aus zweiter Hand‹, ›springt noch sofort an‹, ›hochtourig‹ und ›technisch auf dem laufenden‹ lockte.
Ein anderer hatte seine Vorstellung von der künftigen Beziehung in eine ambitionierte Versform gebracht:
›Ich stehe auf Erotik pur,
im Bett seh ich nie auf die Uhr,
mit Dir und deinem üpp'gen Busen,
will fortan ewiglich ich schmusen...‹
Das reichte. Das war ja alles noch viel schlimmer, als ich es mir vorgestellt hatte!
Gerade als ich die Tortur beenden und die Zeitung in den Mülleimer werfen wollte, sprang mir eine fettgedruckte Anzeige ins Auge:

Ein Sommernachtstraum:
Romeo (36) sucht Julia, denn
»T(w)o be or not t(w)o be«,
das ist die Frage!
Viel Lärm um nichts?
Schreibt, mit und ohne Bild,
wie es Euch gefällt.

Das war gar nicht schlecht, das gefiel mir sogar richtig gut! Wenn ich eine Frau gewesen wäre, die auf Annoncen antwortet, dann hätte ich auf diese Zeilen spontan reagiert. Aber so eine Frau war ich ja nicht...

Am nächsten Morgen warf ich meine Zuschrift in den Briefkasten.

Ich hatte stundenlang über Shakespearezitaten gebrütet – schließlich sollte sich meine Antwort von den Zuschriften anderer Damen durch besonders geistreiche Anspielungen abheben –, aber dann wurde es mir mit Nachtigall und Lerche und so weiter doch zu dumm, und ich entschied mich für eine kurze Beschreibung meiner Person mit Paßfoto, Adresse und Telefonnummer. Diese neutrale Art der Präsentation schien mir wesentlich souveräner als ein anbiederndes Eingehen auf den Tenor der Annonce.

Die ganze Woche wartete ich gespannt auf einen Anruf und war fast ein wenig enttäuscht, als ich am Freitagabend nur einen Brief mit dem simplen

Absender ›Romeo‹ in meiner Post fand. Skeptisch riß ich den Umschlag auf. Als erstes fiel mir eine Theaterkarte entgegen. Sie war – wie konnte es anders sein – für ein Shakespearestück am kommenden Sonntag.

Als Kommentar dazu hatte der mysteriöse Romeo nur zwei Zeilen in Druckbuchstaben auf eine weiße Karte geschrieben: ›Ich würde mich sehr freuen, mit Ihnen gemeinsam *Der Widerspenstigen Zähmung* zu erleben. Ich erwarte Sie im Foyer des Theaters. Erkennungszeichen – rote Satinfliege. Herzlichst, Romeo.‹

Kein Foto, keine Adresse, keine Telefonnummer. Das Ganze war absolut nicht geheuer! Was, wenn er dem ›Phantom der Oper‹ an Häßlichkeit in nichts nachstand? Was, wenn er auf diese anonyme Weise Frauen anlockte, ihnen im abgedunkelten Theatersaal während eines tosenden Applauses ein hübsches langes Messer in die Rippen stieß und dann so geheimnisvoll verschwand, wie er gekommen war? ›Einsame Moderedakteurin weiteres Opfer des Theatermörders mit der roten Fliege‹ – ich sah die Schlagzeile schon vor mir. Oder was, wenn ihn *Der Widerspenstigen Zähmung* derart inspirierte, daß er anschließend im Parkhaus Gewalt gebrauchte, wenn ich ihm nicht zu Willen sein wollte?

Hatte ich es nötig, mich mit potentiellen Vergewaltigern und Rippenschlitzern zu treffen? Wirklich nicht. Ich würde diese Eintrittskarte ins Nirwana schleunigst vernichten.

Ich hatte lange mit mir gekämpft, welches meiner Abendkleider am ehesten dazu geeignet wäre, Herzrhythmusstörungen bei diesem geheimnisvollen Fremden zu verursachen. Schließlich setzte ich auf ein schwarzes Glitzerkleid, bei dem er so geblendet sein würde, daß er die kleinen Defekte meiner Figur sicher glatt übersah.
Leider hatte ich es nicht lassen können, auch ein wenig an meinen Haaren herumzuexperimentieren. Die Schaumtönung, die mir auf der Packung ›leichte rötliche Reflexe‹ verheißen hatte, verwandelte meine hellbraunen Locken in ein orangerot loderndes Flammenmeer, das mir vor Schreck noch mehr zu Berge stand.
Auch nach mehrmaliger Wäsche war der Rotton noch immer so intensiv, daß ich froh sein konnte, daß die düsteren Zeiten der Hexenverbrennungen schon weit hinter uns lagen!
Als glitzernde ›sexy Hexy‹ stieg ich also in ein Taxi (die Tiefgaragenvision war damit gebannt!) und rollte mit schweißnassen Händen meinem Schicksal entgegen.
Vor dem Theater sprang ich anmutig aus dem Taxi, hörte ein leises Knacken, spürte einen Ruck und stand mit einem Bein zehn Zentimeter tiefer auf dem Boden. Wie ein lockerer Zahn in morschem Zahnfleisch hing der Stöckel meiner Abendsandalette nur noch an einem seidenen Faden.
Da stand ich also wie ein Storch auf einem Bein und zog mir ärgerlich den Schuh aus, während von allen Seiten Menschen in Abendgarderobe an mir vorbei zum Theatereingang strömten.

Zum Glück beachtete mich kaum jemand. Oder sie sahen ganz schnell wieder weg von dieser Frau, die wie besessen einen Schuh gegen eine Säule schlug und wohl nicht ganz bei Trost sein konnte.
Der lose Stöckel fiel schließlich ab und plumpste zu Boden. Eilig zog ich den Schuh wieder an und bemühte mich, ein paar einigermaßen würdevolle Schritte mit dem ungleichen Schuhpaar zu gehen.
Es war hoffnungslos – ich humpelte so unbeholfen und wenig damenhaft daher, daß ich ernsthaft erwog, auf dem verbliebenen Absatz kehrtzumachen.
»Oder ich schlage den zweiten auch ab«, murmelte ich und ging ans Werk.
So locker wie der erste Stöckel gewesen war, so fest saß dieser hier!
»Also Zähne zusammenbeißen und als Lachnummer auf Romeo zuwackeln!« sagte ich leicht hysterisch vor mich hin. Jetzt war sowieso schon alles egal.

Das Foyer war voller Menschen und noch heller erleuchtet, als ich befürchtet hatte.
Die Theaterbesucher standen in Grüppchen zusammen und plauderten oder hielten nach ihren Angehörigen Ausschau, die draußen noch nach einem Parkplatz suchten.
Meinem spektakulären Auftritt wurde diesmal mehr Aufmerksamkeit zuteil, als mir lieb war. Alles – so schien mir – starrte dieses auffällig glitzernde, rothaarige Wesen an, das mit einem stark verkürzten Bein so bemitleidenswert daherhumpelte.

Ebensogut hätte ich auf einem Besen hereinreiten können. Man verrenkte sich auffällig die Hälse nach mir, und ein paar Damen besaßen die Frechheit, boshaft zu kichern, als ich an ihnen vorbeihinkte.
Ich lief knallrot an, passend zur Haarfarbe, und zitterte am ganzen Körper vor wütender Erregung.
Und weit und breit kein Mann mit roter Fliege.
Er hat mich versetzt, der Schweinehund! schoß es mir durch den Kopf.
In diesem Moment spürte ich eine Hand auf meiner Schulter.
»Hallo!« sagte der Mann, zu dem die Hand gehörte.
Er war etwas kleiner als der bestöckelte Teil von mir, trug seine Haare mit Gel aus dem Gesicht gekämmt und sah mich mit intensiven blauen Augen an.
Es dauerte eine Weile, ehe ich begriff, wer da vor mir stand. Tom! Er hatte sich den Bart abrasiert und sah völlig verändert aus.
»O Gott, Tom!« rief ich erleichtert. »Was für ein netter Zufall.«
Ich umarmte ihn überschwenglich, und er lachte überrascht. Was für einen schönen Mund er hat, dachte ich.
»Du, ich sitze ziemlich in der Patsche. Ich soll mich hier nämlich mit so einem Anzeigenheini treffen. Und jetzt ist mir das mit meinem Stöckel passiert, direkt vor dem Theater. Und meine Haare hab ich mir auch versaut! Ach, er wird mich schrecklich finden, das heißt, wenn er überhaupt noch kommt...«
»Ganz im Gegenteil, er wird dich bezaubernd finden. Aber von welchem Anzeigenheini sprichst du denn überhaupt?«

»Na ja, von so einer Bekanntschaftsanzeige eben. Das Treffen mit dem großen Unbekannten! Ich weiß weder, wie er aussieht, noch wie er heißt, noch sonstwas von ihm...«
»Klingt ja aufregend...« meinte Tom.
»Aber im Grunde hab ich gar keine Lust mehr, jetzt wo du da bist. Kannst du das verstehen?«
»Nein, kann ich nicht!« erwiderte Tom.
»Was machst du eigentlich hier? Hat man dich als Fotograf engagiert?«
»Nicht direkt!«
»Ja klar, dumme Frage. Sonst hättest du dich auch nicht so schick gemacht. Der Anzug steht dir gut! Und die rote Fliege sieht...«
In diesem Augenblick fiel bei mir der Groschen so laut, daß es in meinen Ohren klingelte.
So einen Zufall konnte es doch einfach nicht geben! Jedenfalls nicht in meinem Leben...
»Du?! Du bist... Aber wieso?«
»Weil ich ziemlich verzweifelt war, nachdem ich mir nur Körbe bei dir geholt hatte. Da hab ich Patricia mein Herz ausgeschüttet. Die hat mir den Tip mit der Anzeige gegeben. Ich wollte erst nicht, aber dann... Von dir hab ich nichts mehr gehört, und ich hatte es einfach satt, allein zu sein!«
»Aber deine Models... Du hast es doch gar nicht nötig, Anzeigen aufzugeben!«
»Herrgott, Kim! Ich will kein Betthäschen, ich will eine Frau – eine Lebenspartnerin, verdammt nochmal!«
»Patricia, diese raffinierte Kupplerin! Mir hat sie geraten, mal auf eine Anzeige in der *Süddeutschen* zu

antworten. Aber daß ich ausgerechnet dieses Wochenende reinschaue, wo du deine Anzeige drin hattest. Und daß ich ausgerechnet auf deine Anzeige...«
»Ich hab sie schon seit drei Wochen drin. Ich hab mich sogar mit ein paar Frauen getroffen. Aber bisher war keine dabei, die mich auch nur annähernd interessiert hätte. Und als dann deine Zuschrift kam... das hat mich ganz schön umgehauen, und ich hab mir gedacht, einen Versuch mach ich noch.«
»Tom – was würdest du sagen, wenn ich dich jetzt küsse?«
»Warum läßt du's nicht einfach auf einen Versuch ankommen?«
»Verzeihung, meine Herrschaften, aber die Vorstellung beginnt gleich. Wenn Sie das Stück sehen möchten, muß ich Sie jetzt in den Saal bitten!«
Der alte Mann in der grauen Uniform rüttelte uns verständnisvoll wach.
»Dürfte ich bitte Ihre Karten haben?«
Ein wenig verlegen kramten wir beide nach unseren Karten und gaben sie ihm.
»Muß Liebe schön sein!« murmelte er, als er uns zu unseren Plätzen führte.
Dann erloschen die Lichter im Saal, und der große, fließende Samtvorhang ging lautlos auf.
Tom nahm meine Hand, und der erste Akt von *Der Widerspenstigen Zähmung* begann.

Karin Luginger
Wer fliegt schon noch auf Machos
Roman
120 Seiten, gebunden

»Karin Lugingers Debütwerk ist ein witziger Roman über angeblich starke Männer und angeblich schwache Frauen.« *Für Sie*

»Den Mann fürs Leben suchen heißt ihn verpassen. Das merkt Karen, Stewardeß auf Freiersfüßen, leider immer erst hinterher. Wieder mal geht sie einem ›unwiderstehlichen kleinen Mistkerl‹ auf den Leim ... bis ihre Träume in Weiß (wieder mal) geplatzt sind.«
Brigitte

»Auf leichte Art und mit Selbstironie erzählt die Stewardeß Karin Luginger die Begegnung der Stewardeß Karen mit ihrem Traummann ... Als Karen aus dem siebten Himmel wieder auf die harte zwischenmenschliche Erde gefallen ist, nimmt sie wütend Rache.« *Harper's Bazaar*

»Eine hübsche kleine Satire, von der sich Frauen wie Männer eine Scheibe abschneiden können.«
Münchner Merkur

»Eine vergnügliche Geschichte, die leidgeprüften Frauen eine Menge Identifikationsstoff bietet.
Dresdner